大国改革进行时
权威解读全面深化改革新进展

本书编写组◎编

新华出版社

图书在版编目（CIP）数据

大国改革进行时：权威解读全面深化改革新进展 /《大国改革进行时》编写组编. —北京：新华出版社，2017.8（2025.3重印）
ISBN 978-7-5166-3426-4

Ⅰ.①大… Ⅱ.①大… Ⅲ.①体制改革-研究-中国 Ⅳ.①D61

中国版本图书馆CIP数据核字（2017）第198788号

大国改革进行时：权威解读全面深化改革新进展

编　　者：《大国改革进行时》编写组

选题策划：要力石	责任校对：刘保利
责任编辑：张永杰	封面设计：臻美书装
责任印制：廖成华	

出版发行：新华出版社
地　　址：北京石景山区京原路8号　　邮　　编：100040
网　　址：http://www.xinhuapub.com
经　　销：新华书店、新华出版社天猫旗舰店、京东旗舰店及各大网店
购书热线：010-63077122　　中国新闻书店购书热线：010-63072012

照　　排：臻美书装
印　　刷：大厂回族自治县众邦印务有限公司
成品尺寸：170mm×240mm
印　　张：17.5　　　　　　　　　字　　数：215千字
版　　次：2017年9月第一版　　　印　　次：2025年3月第三次印刷
书　　号：ISBN 978-7-5166-3426-4
定　　价：39.80元

版权专有，侵权必究。如有质量问题，请与出版社联系调换：010-63077101

从十九大报告看全面深化改革

党的十九大报告作出坚持全面深化改革的明确宣示。

站在新的历史起点，面向"两个一百年"奋斗目标，在习近平新时代中国特色社会主义思想指引下，全面深化改革必将汇聚起磅礴之力，创造美好未来。

站在更高起点谋划推进改革

中国特色社会主义进入新时代，我国社会主要矛盾已经转化为人民日益增长的美好生活需要和不平衡不充分的发展之间的矛盾。

在新的历史方位下，解决社会主要矛盾，全面深化改革仍是必由之路。

时间回溯到四年前。2013年11月，党的十八届三中全会响亮提出，"全面深化改革的总目标是完善和发展中国特色社会主义制度，推进国家治理体系和治理能力现代化。"

惟希望也，故进取；惟进取也，故日新。

挑最重的担子、啃最硬的骨头。从聚焦体制机制、统筹谋划改革任务，到坚持一分部署、九分落实，抓铁有痕、踏石留印，再到凝聚各方智慧、形成改革合力，改革呈现全面发力、多点突破、纵深推进的崭新局面。

五年改革成就巨大。着力增强改革系统性、整体性、协同性，压茬拓展改革广度和深度，推出一千五百多项改革举措，重要领域和关键环节改革取得突破性进展，主要领域改革主体框架基本确立……

五年改革温暖人心。始终站在人民立场上谋划和考虑改革的重大问题。从脱贫攻坚到生态文明建设，从冬季取暖、垃圾分类、养老服务等民生小事到简政放权、建设服务型政府……改革让人民有更多的获得感。

过去5年，全面深化改革承上启下、继往开来，为不断拓展中国特色社会主义道路提供了巨大动力。

站在新的更高起点上，党的十九大报告对全面深化改革作出明确谋划——必须坚持和完善中国特色社会主义制度，不断推进国家治理体系和治理能力现代化，坚决破除一切不合时宜的思想观念和体制机制弊端，突破利益固化的藩篱，吸收人类文明有益成果，构建系统完备、科学规范、运行有效的制度体系，充分发挥我国社会主义制度优越性。

全面深化改革开启新征程

展望未来，恢宏的改革画卷徐徐展开。

以供给侧结构性改革为主线，加快完善社会主义市场经济体制……报告指出，我国经济已由高速增长阶段转向高质量发展阶段，正处在转变发展方式、优化经济结构、转换增长动力的攻关期，建设现代化经济体系是跨越关口的迫切要求和我国发展的战略目标。

作为河北规模最大的国有钢企，河钢集团把压减产能作为转型升级的契机。"去的是产能，提高的却是竞争力。"河钢集团董事长于勇代表说，坚定不移深化供给侧结构性改革，让企业更加注重产品质量和产业升级。

建设教育强国，实施健康中国战略，提高就业质量和人民收入水平，全面实施全民参保计划、让全体人民住有所居……报告强调，要抓住人民最关心最直接最现实的利益问题。

"听了报告,我们更加有信心,精准扶贫、养老、医疗、教育公平等问题将在改革中得到更好解决。"武汉市江岸区百步亭社区党委副书记王波代表说。

加快生态文明体制改革,建设美丽中国。报告强调,既要创造更多物质财富和精神财富以满足人民日益增长的美好生活需要,也要提供更多优质生态产品以满足人民日益增长的优美生态环境需要。

福建省平潭综合实验区城市投资建设集团有限公司党委副书记叶志勇代表说,优良的生态环境和文化资源是平潭的"真宝贝"。作为闽台合作和国家对外开放的窗口,平潭将进一步加强生态文明建设,守望海峡、留住乡愁。

健全人民当家作主制度体系,发展社会主义民主政治。"发展社会主义民主政治就是要体现人民意志、保障人民权益、激发人民创造活力,用制度体系保证人民当家作主。"十九大报告强调。

北京市昌平区人民检察院检查委员会专职委员、检察员彭燕代表说,通过进一步深化改革,让法治成为国家和社会运行的强大保障,社会将更加和谐、人民对生活的预期也将更加稳定有序。

坚定不移全面从严治党,不断提高党的执政能力和领导水平。报告指出,全面推进党的政治建设、思想建设、组织建设、作风建设、纪律建设,把制度建设贯穿其中,深入推进反腐败斗争,不断提高党的建设质量……

以改革激发全面建设社会主义现代化国家的不竭动力

没有比脚更长的路,没有比人更高的山。中国特色社会主义进入新时代,要坚持全面深化改革,充分发挥我国社会主义制度优越性。

坚持党的领导,坚定走中国特色社会主义道路,才能始终确保改革正确方向——

"报告提出要推进党的建设新的伟大工程,体现了中国共产党人的自我革新精神。这是中国发展奇迹的制胜因素,也是全面深化改革能否取得成功的关键。"清华大学国情研究院院长胡鞍钢说。

十九大代表、甘肃陇南市委书记孙雪涛说,全面深化改革,地市一级处在承上启下的关键环节,必须眼睛向上看,对标中央要求,确保不变形不走样;必须身子往下沉,逐项具体实施,确保落得准落得实。

一张蓝图干到底,确保改革落地见效——

今年,一些重点改革项目牵头单位收到河南省委改革办的相关文件时,意外发现文件头颜色不一样了。

河南自贸试验区开封片区"三十五证合一"以减证带动简政,收到了"红头"文件,以示表彰;个别市县未按时间节点落实省内异地就医直接结算,收到了"青头"文件,以示督办;部分省辖市有些改革方案没有如期制订,收到了"黑头"文件,以示批评。

"深化改革是一场'大戏',是一场'硬仗'。任何'等一等'的态度、'看着办'的标准、'过得去'的作风,只会损害改革,贻误改革。"十九大代表、河南省省长陈润儿说,"面对各种困难,不能等着'给答案',而要主动'解方程'"。

坚持以人为本,紧紧依靠人民推动改革,让人民群众有更多获得感——

"党领导的改革是以人民为中心的改革,是让群众看得见、摸得着、有真感受的改革;也只有为了人民依靠人民,改革才能更加科学务实。"王波代表说,过去五年全面深化改革建立起的体系,未来效率将更加凸显，各级部门将进一步把国家的好政策落实到群众身上，人民生活将更加有保障。

广泛凝聚共识，形成改革合力——

"决胜全面建成小康社会，从运动学上来讲，冲刺阶段一个是快、一个要稳。"十九大代表、北京市十一学校校长李希贵说。

用改革的办法解决发展中的问题，在社会和谐稳定和国家长治久安的基础上推动改革发展，是改革开放不断开拓前进的制胜法宝。

一年后，中国改革开放将迎来第四十个年头；三年后，中国将全面建成小康社会，开启全面建设社会主义现代化国家新征程。

全面深化改革的新航程已经开启，新一轮改革大潮正风起云涌。

（新华社北京 2017 年 10 月 21 日）

十九大报告透露的八大改革着力点

十九大报告明确提出，全面深化改革总目标是完善和发展中国特色社会主义制度、推进国家治理体系和治理能力现代化。报告对重点领域和关键环节作出部署，传递出诸多改革着力点。

深化供给侧结构性改革：把提高供给体系质量作为主攻方向

十九大报告提出，建设现代化经济体系，必须把提高供给体系质量作为主攻方向，显著增强我国经济质量优势。

"采用先进种植技术，更新机械和加工设备，提升产品质量，我们的大米价格比10年前高出10多倍。"吉林省长春市双阳区晟华农民专业合作社理事长李华靓代表这样感受供给侧结构性改革带来的力量。

中国（海南）改革发展研究院院长迟福林认为，我国经济已由高速增长阶段转向高质量发展阶段，必须坚持质量第一、效益优先。提高供给体系质量，需要加快建设制造强国，支持传统产业优化升级，加快发展现代服务业，加强基础设施网络建设。

深化农村土地制度改革：第二轮土地承包到期后再延长三十年

目前，我国大部分地区农村承包地处于第二轮承包期。十九大报告中明确提出，保持土地承包关系稳定并长久不变，第二轮土地承包到期后再延长三十年。

"这是给广大农民吃了个'定心丸'。"河南省濮阳县西辛庄村党支部书记李连成代表说，此前，由于担心土地承包关系不稳定，有的农业企业不敢加大投资，一些农民有短期行为。十九大明确发出的政策信号，有利于稳定农民预期，有利于推进农业的规模化经营，培育以家庭农场、农业企业为主的新型农业经营主体，引导更多资金、技术、人才流入农村和农业。

深化金融体制改革：守住不发生系统性金融风险的底线

防范系统性金融风险，是坚决打好防范化解重大风险攻坚战的重要任务。十九大报告提出，健全金融监管体系，守住不发生系统性金融风险的底线。

中国银监会主席郭树清代表表示，在防范金融风险、治理银行业市场乱象方面，今年确定了同业、理财、表外三个重点领域。首先是因为这三个领域覆盖了比较突出的风险点，比如，影子银行、交叉金融、房地产泡沫、地方政府债务等。同时，还有与其相关的操作性风险，所以要集中精力整治。

推动形成全面开放新格局：赋予自贸区更大改革自主权

十九大报告提出，赋予自由贸易试验区更大改革自主权，探索建设自由贸易港。

今年3月底，国务院批复辽宁、浙江、河南、湖北等7个自贸区成立，使自贸区阵容增加至11个，实现更大范围、更多领域开展先行先试，引领开放新格局。

华中科技大学自贸区研究中心执行主任陈波教授说，当前，自贸区的部分阶段性改革目标已经实现。随着国内经济转型升级迫切、国际经济形势快速变化，自贸区改革需要加速，有必要赋予更大自主权，激发改革活力。

"自贸港是自贸区的进一步延伸与提升。"陈波表示，自贸港在现有自贸区对标国际先进开放水平的基础上，看齐国际最高开放标准。比如探索人才、物资等要素的完全自由流动，金融与国际市场的充分融通。探索建设自贸港，有利于进一步提升我国对外开放水平。

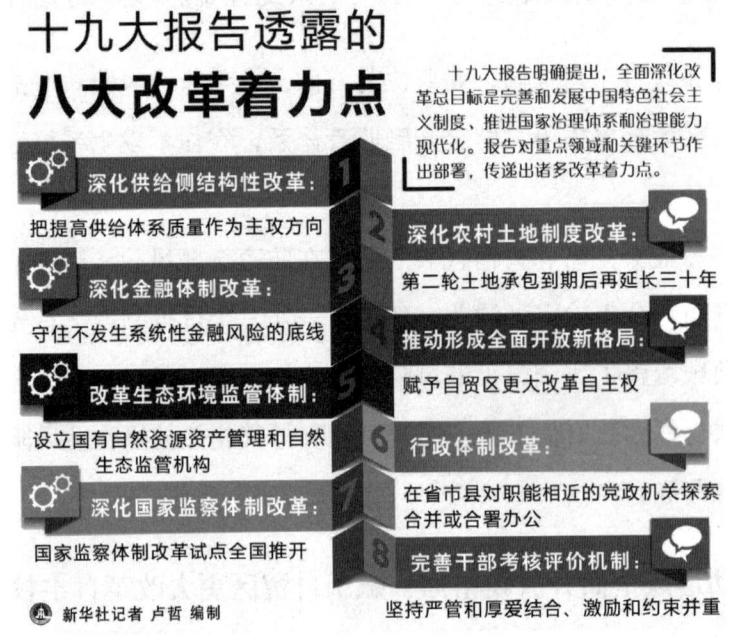

改革生态环境监管体制：设立国有自然资源资产管理和自然生态监管机构

十九大报告提出，设立国有自然资源资产管理和自然生态监管机构；

统一行使全民所有自然资源资产所有者职责，统一行使所有国土空间用途管制和生态保护修复职责，统一行使监管城乡各类污染排放和行政执法职责。

国务院发展研究中心资源与环境政策研究所副所长李佐军说，山水林田湖草是一个完整的生态系统，但现有的多头监管，影响保护目标的实现。

北京市环境保护监测中心大气室主任李云婷代表认为，这顶层设计有利于整合机构职能，形成监管合力。充分体现了报告提出的"保护生态环境作出我们这代人的努力"的决心和智慧。

行政体制改革：在省市县对职能相近的党政机关探索合并或合署办公

十九大报告提出，赋予省级及以下政府更多自主权。在省市县对职能相近的党政机关探索合并设立或合署办公。

"这两项改革举措是适应国家治理体系现代化的重要内容。"中国人民大学国家发展与战略研究院研究员刘鹏表示，赋予省级及以下地方政府更多的自主权力，将更好更有针对性地解决目前我国各地发展不平衡不充分的现状。党政机关探索合并设立或合署办公，有助于破解基层党政机构重合雷同、分工不清、冗员过多等问题。

"基层党政机关探索合并设立或合署办公，有助于精简办事流程，提高办事效率。"河南兰考县委书记蔡松涛代表说。

深化国家监察体制改革：国家监察体制改革试点全国推开

十九大报告提出，深化国家监察体制改革，将试点工作在全国推开；制定国家监察法，依法赋予监察委员会职责权限和调查手段，用留置取代"两规"措施。

目前,北京、山西、浙江三省市开展的国家监察体制改革试点任务已全面完成,为后续改革推进积累了丰富经验。

"报告中提出的相关改革举措,是对前期试点经验的进一步总结和明确,也通过立法从根本上保障改革顺利推进。"北京大学廉政建设研究中心副主任庄德水说,比如留置就是此前三地试点方案中赋予监察委员会可采取的一项措施。

中纪委副书记、监察部部长杨晓渡代表在十九大记者招待会上表示,在党委领导下,纪委和监察委合署办公,充分体现了党领导的党内监督和国家监督的有机统一。

完善干部考核评价机制:坚持严管和厚爱结合、激励和约束并重

十九大报告提出,坚持严管和厚爱结合、激励和约束并重,完善干部考核评价机制,建立激励机制和容错纠错机制,旗帜鲜明为那些敢于担当、踏实做事、不谋私利的干部撑腰鼓劲。

"要加强理想信念的政治思想教育,强化纪律执行,让党员干部知敬畏、存戒惧、守底线。要匡正选人用人风气,严格把关,杜绝带病提拔等问题的发生。"国家行政学院教授竹立家表示,同时改革要允许试错、宽容失败,才能激活广大干部创新和奋进的积极性与主动性。需要各级党组织进一步细化具体配套机制。

(新华社北京 2017 年 10 月 22 日)

目 录 CONTENTS

从十九大报告看全面深化改革 ··· 1
十九大报告透露的八大改革着力点 ··································· 6

第一章 解码经济新常态 ··· 1

改革纵览

五个关键字勾勒中国经济新气象 ····································· 3
"建设现代化经济体系"透出新时代中国经济新信号 ············· 9

深度解读

中国经济七大信号：从中央政治局会议看中国经济走向 ········· 14
2017——2020 经济结构性改革的 30 条建议 ····················· 19

背景链接

中国破解西方经济理论的一大谜题 ·································· 30
中国制造业现状调查：处于历史低谷还是爆发前夜？ ············ 39

第二章 新的伟大工程 **45**

改革纵览

彰显领导核心作用
——党的十八大以来全面加强党的建设成就综述 47
担负起新时代中国共产党的历史使命
——从党的十九大看伟大斗争伟大工程伟大事业伟大梦想 52

深度解读

不忘初心,担当职责使命
——新的伟大工程之思想建设篇 60
固本强基,锻造先锋队伍
——新的伟大工程之组织建设篇 65
涵养正气,凝聚党心民心
——新的伟大工程之作风建设篇 70
正风肃纪,净化政治生态
——新的伟大工程之反腐倡廉建设篇 75
强化监督,夯实制度体系
——新的伟大工程之制度建设篇 81

背景链接

用留置取代"两规"意味着什么?
——解读国家监察体制改革 86
专家带你"秒懂"未来五年反腐工作如何干 88

第三章 "中国式民主"的特质 **93**

改革纵览

信有长风破浪时
——坚定"四个自信"推进中国特色社会主义伟大事业述评 95

深度解读

中国式民主的本质、特质、品质……………………………… 108

从全国两会看中国特色社会主义民主政治……………………… 113

从基层人大代表履职看"中国式民主"活力……………………… 122

背景链接

鉴往知来 旗帜鲜明反对历史虚无主义

——专访中央党史研究室主任曲青山………………………… 132

第四章 破解"司法之难"……………………………… **139**

改革纵览

党的十八大以来我国司法机关以改革促公开综述……………… 141

深度解读

司法为民：破解"司法之难"你有几多获得感………………… 145

司法为民让公平正义深入人心…………………………………… 149

司法改革决战之年看公检法"大动作"………………………… 154

背景链接

法治中国建设的重要基石

——中国人民大学常务副校长、中国民法学研究会会长王利明

解读民法总则重要意义……………………………………… 160

第五章 向世界一流军队进发……………………………… **167**

改革纵览

从胜利走向胜利

——献给中国人民解放军建军90周年………………………… 169

深度解读

军魂颂

——人民军队建军90周年听党指挥启示录…………………… 183

热血赞

——人民军队 90 年能打胜仗启示录 ………………………… 188

本色谱

——人民军队 90 年作风优良启示录 ………………………… 193

鱼水情

——人民军队 90 年服务人民启示录 ………………………… 198

背景链接

十九大后，习近平对军队高级干部提出 6 个"必须" ………… 203

第六章 写进人民心中的幸福故事 ……………………… **207**

改革纵览

党的十八大以来民生新变化 ……………………………………… 209

深度解读

中国反贫困斗争的伟大决战 ……………………………………… 221

钱袋子更鼓，获得感更足 ………………………………………… 239

基层文化活起来 百姓精神富起来 ……………………………… 244

新医改构建健康中国 ……………………………………………… 249

背景链接

十九大报告透露的十件民生实事 ………………………………… 253

后 记 ……………………………………………………………… **259**

第 一 章

解码经济新常态

> 改革纵览

五个关键字勾勒中国经济新气象

中国经济以"稳中向好"的姿态迈入2017年"收官季":国家统计局最新数据显示,10月份,尽管部分指标出现月度短期波动,但仍实现了较快增长,经济运行保持总体平稳。

投资、消费、出口、物价、就业、工业增加值……纷繁复杂的经济数据背后,"稳""进""新""优""好"五个关键字,展现了今年以来中国经济运行的亮点,勾勒出中国经济新气象。

稳:向好态势延续 经济韧性增强

冬临北境,沈阳机床集团车间,却是一派热火朝天:一支支由员工组成的双创团队,利用I5智能机床,从云平台上接单创业,干劲十足。集团董事长关锡友说,通过强力推进改革,行业龙头正在涅槃新生;中国一重,今年前三季度营业收入同比增长一倍多,实现扭亏为盈……

近年相对疲弱的东北经济,正在焕发生机。今年前三季度,东北地区工业发展逐步好转,前9个月辽宁省工业增速降幅比去年同期收窄9.3个百分点,从8月起增加值增速转正。

实体兴,经济旺。今年以来,中国经济克服风险挑战,实现稳中向好。

从宏观经济调控的四大目标来看,经济增速、就业、物价、国际收支,

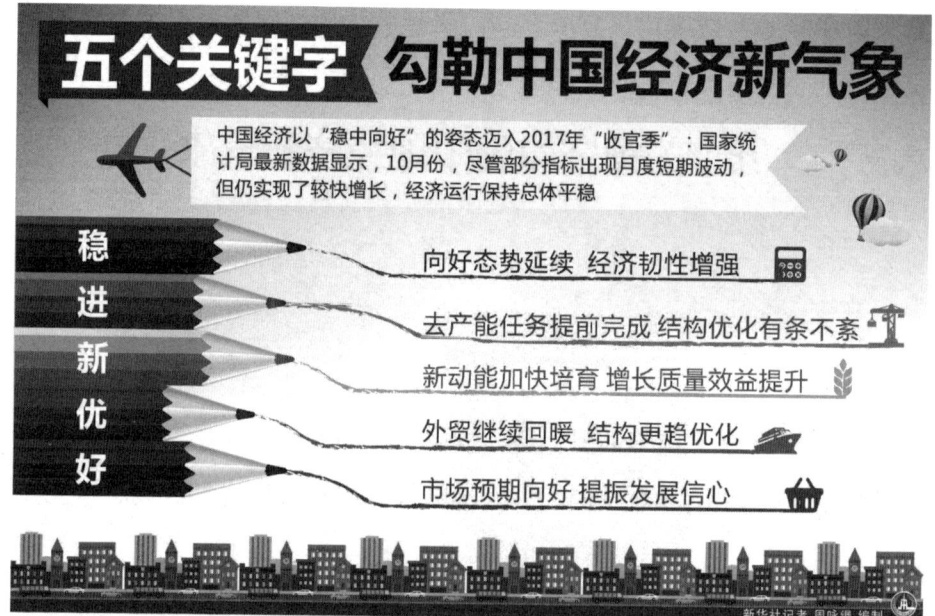

均体现"稳"的态势。

第三季度中国经济同比增长6.8%，连续9个季度运行在6.7%至6.9%的区间，展现出更强的韧性；10月份，全国城镇调查失业率和31个大城市城镇调查失业率，双双降到5%以下，就业成为突出亮点；10月份CPI同比上涨1.9%，连续9个月保持在2%以下，物价涨幅温和；国际收支呈现基本平衡，外汇储备规模逐步回升后保持基本稳定。

"经济稳中有进、稳中向好的态势持续发展，支撑经济保持中高速增长和迈向中高端水平的有利条件不断积累增多，为更好实现全年经济发展预期目标奠定了扎实基础。"国家统计局新闻发言人邢志宏说。

进：去产能任务提前完成　结构优化有条不紊

作为京津冀地区最大的钢铁企业，河钢集团在前期去产能基础上，主动提出2016年到2017年再度压减炼铁和炼钢产能，并于今年9月底完成了压减任务。同时，公司力推产品升级，在今年前三季度实现了净利润的大幅增长。

去的是产能，增的是实力，尝到甜头的不只是河钢。前三季度，黑色金属冶炼和压延加工业规模以上企业利润同比大幅增长1.2倍，三季度行业产能利用率达到76.7%，为2013年以来的最高水平。

供给侧结构性改革的深入推进，成为推动经济稳中向好的重要力量。钢铁、煤炭去产能年度目标已超额完成，1.4亿吨"地条钢"产能出清。10月末，商品房待售面积同比下降13.3%。去杠杆、降成本稳步推进。补短板持续加力，1月至10月，生态保护和环境治理业、公共设施管理业、农业等短板领域投资增速均比全部投资快10个百分点以上。

党的十九大报告指出，我国经济已由高速增长阶段转向高质量发展阶段，正处在转变发展方式、优化经济结构、转换增长动力的攻关期。

从最新数据看，中国经济结构优化的步伐有条不紊。前三季度，服务业对经济增长的贡献率达到58.8%，比上年同期提高0.3个百分点，服务业主导作用加强。从需求结构看，消费贡献更加突出，前三季度最终消费支出对GDP增长的贡献率为64.5%，比上年同期提高2.8个百分点。

国家发展改革委主任何立峰评价说，中国经济稳的格局在巩固，进的走向在延续，好的态势更明显，增长的包容性和获得感增强。

新：新动能加快培育　增长质量效益提升

用语音控制的家电、语音识别准确率达98%的翻译速记产品、会"考试"的机器人……位于安徽省合肥市的科大讯飞，通过领先的人工智能技术，成功占领全球中文语音市场70%的份额。

今年以来，我国战略性新兴产业、高技术产业等继续保持较高增长，成为经济平稳增长的重要动力。1月至10月，高技术产业和装备制造业增加值增速分别比规模以上工业快6.7个百分点和4.8个百分点，工业机器人产量同比增长68.9%。

与此同时，共享经济、网络消费等新业态新模式快速发展，为经济注入新动力。前三季度，新业态助推传统批发和零售业增加值同比上升7.2%，对经济增长的贡献率达10.1%，比上年同期上升了0.8个百分点。

刚刚过去的"双11"，网购再次成为关注焦点。据中国电子商务研究中心统计，"双11"当天全国实现网络零售额2539.7亿元，同比增长45.16%。国家邮政局监测显示，"双11"当天，主要电商企业全天共产生快递物流订单8.5亿件，同比增长29.4%。国家邮政局副局长刘君说，今年的"双11"依然保持消费旺势，出现国内国际联动、城市农村互动的局面。

"新旧动能持续转换，新动能对经济的贡献日趋稳固，成为经济平稳增长的重要动力。"国家统计局国民经济核算司司长董礼华说。

优：外贸继续回暖　结构更趋优化

第122届广交会近日落下帷幕，参会的采购商和出口成交额分别增长3.36%和8.2%，交出一份双增长的亮丽成绩单。

被喻为中国外贸"晴雨表"和"风向标"的广交会，是中国当前外贸形势的真实写照。海关总署最新发布的数据显示，前10个月，中国货物贸易进出口总值22.52万亿元，同比增长15.9%，延续了回暖态势。

与去年相比，今年以来外需对经济的拉动作用增强。前三季度，净出口对经济增长的贡献率为2.7%，比上年同期上升了7.5个百分点。

值得注意的是，我国贸易结构更趋优化。具有较高技术含量的机电产品出口保持强势，前10个月，占出口总值57.7%的机电产品出口同比增长12.4%，增速超出平均水平。

"今年以来，受国际市场回暖、同比基数较低、人民币汇率等多重因素影响，我国外贸增速整体较快，保持回升态势。"商务部国际研究院国际市场研究所副所长白明说。

商务部发布的《中国对外贸易形势报告（2017年秋季）》预计，全年外贸进出口能够实现回稳向好的预期目标，外贸结构进一步优化，发展质量和效益不断提升。

好：市场预期向好　提振发展信心

51.6%——近日发布的10月份中国制造业采购经理指数（PMI），尽管比上月略有回落，但仍保持在50%的荣枯线以上，更连续13个月保持在51%以上的较高水平，制造业持续保持扩张态势。

PMI是国际上通用的监测宏观经济走势的先行指标之一。国务院发展研究中心研究员张立群说，PMI指数稳定在扩张区间，表明经济平稳增长的特点更为明显，发展预期向好。

国家发展改革委副主任兼国家统计局局长宁吉喆认为，今年中国经济实现6.5%左右的预期发展目标没有问题。

中国经济稳中向好为全球经济注入信心。国际货币基金组织年内四度上调中国经济增长预期，世界银行和亚洲开发银行纷纷调高今明两年中国经济增速预测值。

宝马集团董事长科鲁格近日表示,将继续扩大在华投资。他说,中共十九大提出了很多新理念、新目标,比如要建设创新型国家,转向高质量发展等。"不论对于本土企业还是外国企业来说,这都是十分难得的机遇。"

(新华社北京 2017 年 11 月 20 日)

"建设现代化经济体系"透出新时代中国经济新信号

十九大报告首次提出"建设现代化经济体系",指出这是跨越关口的迫切要求和我国发展的战略目标。这透露出哪些信号?

信号一:由高速增长阶段转向高质量发展阶段

经济增长从高速转向中高速,结构不断调整优化,民生福祉持续改善……十八大以来,以习近平同志为核心的党中央,抓住经济社会发展的主要矛盾和矛盾的主要方面,提出经济发展进入新常态及与之适应的经济政策框架,经济发展质量和效益不断提高。

十九大报告指出,我国经济已由高速增长阶段转向高质量发展阶段,正处在转变发展方式、优化经济结构、转换增长动力的攻关期。

清华大学教授白重恩说,从"高速"到"高质量"、从"增长"转向"发展",与社会主要矛盾已经转化为人民日益增长的美好生活需要和不平衡不充分的发展之间的矛盾相符合。"增长是经济总量的增长,而发展的内涵更加丰富,其要义是满足人民日益增长的美好生活需要,实现更平衡更充分的发展。"

"制定战略,先看清出发点在哪里。"国务院发展研究中心研究员张立群说，从发展出发，以质取胜，有利于引导政策重心转向追求质量和效益。

信号二：提高供给体系质量成为主攻方向

一面是部分行业产能过剩、大而不强；一面是性价比高的产品需求得不到满足，部分消费流向国外，在人民群众需求从"有没有"转向"好不好"的过程中，供给面无法适应需求面升级的矛盾愈发凸显。

"钢铁产能过剩，但每年还要进口一千多万吨特种钢材，必须通过加强技术改造、企业兼并重组、提高产品质量，把中国钢铁工业由大做强。"十九大代表、国家发展改革委副主任宁吉喆说。

工业和信息化部党组书记、部长苗圩代表说，深化供给侧结构性改革，去产能要做"减法"，发展新兴产业、改造升级传统产业做"加法"，加大技术创新投入做"乘法"，使供给和需求更好匹配。

信号三：发展经济的着力点放在实体经济上

创新能力不强、实体经济水平有待提高、金融脱实向虚、人才结构失衡……成为制约中国经济可持续发展的突出问题。

报告指出，建设现代化经济体系，必须把发展经济的着力点放在实体经济上。

国家发改委副主任张勇代表说，受国际金融危机影响，在市场需求疲弱、实体经济盈利能力下降背景下，出现社会资本"脱实向虚"、企业"弃实投虚"现象，不少实体企业感到融资难、融资贵，制约了结构调整、产业升级和创新发展。要引导资本及各类要素向振兴实体经济聚力、发力，筑牢国家发展根基。

"建设现代化经济体系"透出新时代中国经济新信号

信号一　由高速增长阶段转向高质量发展阶段

十九大报告指出,我国经济已由高速增长阶段转向高质量发展阶段,正处在转变发展方式、优化经济结构、转换增长动力的攻关期

信号二　提高供给体系质量成为主攻方向

工业和信息化部党组书记、部长苗圩代表说,深化供给侧结构性改革,去产能要做"减法",发展新兴产业、改造升级传统产业做"加法",加大技术创新投入做"乘法",使供给和需求更好匹配

信号三　发展经济的着力点放在实体经济上

报告指出,建设现代化经济体系,必须把发展经济的着力点放在实体经济上

信号四　创新成为引领发展的第一动力

报告指出,创新是引领发展的第一动力,是建设现代化经济体系的战略支撑

信号五　乡村振兴战略造就"三农"新面貌

报告明确,保持土地承包关系稳定并长久不变,第二轮土地承包到期后再延长三十年,让农民吃了"定心丸"

信号六　区域协调发展呈现新局面

报告提出,建立更加有效的区域协调发展新机制

信号七　改革要啃硬骨头 开放形成新格局

报告指出,加快完善社会主义市场经济体制。经济体制改革必须以完善产权制度和要素市场化配置为重点,实现产权有效激励、要素自由流动、价格反应灵活、竞争公平有序、企业优胜劣汰。推动形成全面开放新格局

新华社记者 卢哲 编制

"技术、资金、劳动力,是支撑实体经济高质量发展最关键的要素。"国家行政学院教授许正中说,通过优化制度环境,实现实体经济与三大要素协同发展,将推动实体经济沿着高质量轨道成长。

信号四:创新成为引领发展的第一动力

报告指出,创新是引领发展的第一动力,是建设现代化经济体系的战略支撑。

惟创新者进、惟创新者强、惟创新者胜。"我们面向国家和产业需要重新布局,推动产学研结合,不仅形成价值几百亿的产业,更让自身成为全球无机化学研究的引领者。"中国科学院福建物质结构研究所学术委员会主任、中国科学院院士洪茂椿代表说,国家要强大,科技必须强大,要深化科技体制改革,加强国家创新体系建设。

信号五:乡村振兴战略造就"三农"新面貌

建设现代化经济体系,必须始终把解决好"三农"问题作为全党工作重中之重。

十九大代表、上海市奉贤区委书记庄木弟说,农村不能成为荒芜的农村、留守的农村、记忆中的故园。实施乡村振兴战略,就是让农村成为安居乐业的美丽家园。

报告明确,保持土地承包关系稳定并长久不变,第二轮土地承包到期后再延长三十年,让农民吃了"定心丸"。"乡村振兴战略让大家方向更明,我们要加油干,2020年兰考有信心与全国人民一道实现全面建成小康社会。"兰考县委书记蔡松涛代表说。

信号六：区域协调发展呈现新局面

报告提出，建立更加有效的区域协调发展新机制。

"这是在较长时间跨度中对中国经济发展空间进行布局。"十九大代表、上海市金融办主任郑杨说，区域协调发展的新局面，将不断释放中国经济的潜力和活力，成为经济持续发展的新的发动机。

区域协调发展中一项重要内容就是构建新的城镇格局，这其中农民工转移很关键。"对农民工这个群体来说，'中国梦'的一个具体表现就是实现城市梦。"十九大代表、福建荔丰鞋业开发有限公司车间主任翁钰珍说，加快农村转移人口市民化，让这个群体共享经济社会发展的成果。

信号七：改革要啃硬骨头 开放形成新格局

报告指出，加快完善社会主义市场经济体制。经济体制改革必须以完善产权制度和要素市场化配置为重点，实现产权有效激励、要素自由流动、价格反应灵活、竞争公平有序、企业优胜劣汰。推动形成全面开放新格局。

经过近40年改革开放，社会主义市场经济体制不断完善。改革行至中流，已进入攻坚期和深水区，剩下的多是难啃的硬骨头。

"没有产权的有效保护，企业家就缺乏充分激励提供更好满足人民生活需求的产品和服务；没有要素自然流动，降低了要素配置效率，也会影响人民以合理价格获得更高质量的产品和服务。"白重恩说。

"建设现代化经济体系，中国将深度融入世界经济。一个全面开放的中国，将对全球市场和制造业格局产生深远影响。"中国国际经济交流中心学术委员会委员王军说。

（新华社北京 2017 年 10 月 22 日）

> 深度解读

中国经济七大信号：
从中央政治局会议看中国经济走向

上半年中国经济交出 GDP 增长 6.9% 的亮丽成绩单，下半年如何延续稳中向好态势？房地产市场走向如何？如何防范财政金融风险？中共中央政治局 7 月 24 日召开会议，分析研究当前经济形势，部署下半年经济工作。字里行间，传递出中国经济七大信号。

1. 更好把握稳和进的关系

上半年国民经济延续了稳中有进、稳中向好的发展态势。布局下半年经济发展，如何确保"稳的格局"和"好的态势"更加明显？

【会议看点】做好下半年经济工作，要坚持稳中求进工作总基调，更好把握稳和进的关系，把握好平衡，把握好时机，把握好度。

【点评】"行百里者半九十。"国务院发展研究中心研究员张立群说，在经济企稳态势明显、向好因素增加的当下，不能松懈，要愈发精心维护好来之不易的成绩。没有经济增长的稳，企业转型就缺乏必要条件；若片面求稳，就无法形成可持续发展的能力。只有深入推进供给侧结构性改革，在把握好度的前提下积极作为，发展的稳定性和可持续性才能显著提高。

2. 更多运用市场机制处置"僵尸企业"

去产能和去杠杆互相牵扯,"僵尸企业"退出带来债务处置等难题……作为经济发展主线的供给侧结构性改革下半年如何破难题再发力?

【会议看点】要坚定不移深化供给侧结构性改革,深入推进"三去一降一补",紧紧抓住处置"僵尸企业"这个牛鼻子,更多运用市场机制实现优胜劣汰。

【点评】北京大学国家发展研究院教授卢锋说,处置"僵尸企业"无疑将成为下半年供给侧结构性改革的一个发力点。治理产能过剩与"僵尸企业",要更加重视改进完善政企关系与政商关系,通过市场、法治方式倒逼缺乏自生能力的企业退出,对困难企业提供适当协助使其顺利退出,从而综合解决产能过剩难题,并助推结构调整。

3. 积极稳妥化解地方政府债务风险

上半年,中央规范地方政府举债融资频出重拳。面对仍有部分地方政府债务增长加快问题,今后如何进一步架高防范债务风险的"防火墙"?

【会议看点】要积极稳妥化解累积的地方政府债务风险,有效规范地方政府举债融资,坚决遏制隐性债务增量。

【点评】中国财政科学研究院院长刘尚希说,此次中央政治局会议对下半年强化地方政府债务管理提出更高要求,考虑到地方政府建设任务重,一方面要进一步"开前门"规范举债融资方式,保护好地方发展的积极性，另一方面要更严格"堵后门"，遏制隐性担保、融资平台举债、假PPP等违规举债行为，要及时甄别债务，明确偿还责任，不能吃风险的"大锅饭"。

4. 深入扎实整治金融乱象

金融业态不断丰富，如何防范不断积累的金融风险？经济转型升级关键阶段，如何引导更多金融资源配置到经济社会发展的重点领域和薄弱环节？

【会议看点】确保守住不发生系统性金融风险的底线。要深入扎实整治金融乱象，加强金融监管协调，提高金融服务实体经济的效率和水平。

【点评】中国民生银行首席研究员温彬说，为实体经济服务是金融的天职和宗旨，也是防范金融风险、确保金融自身持续健康发展的根本举措。金融机构自身要增强风险意识，强化审慎合规经营。金融监管部门要加强协调，形成监管合力，摸清风险底数，让更多金融业务为实体经济服务，严守不发生系统性金融风险的底线。

5. 加快建立稳定房地产市场的长效机制

上半年，新一轮房地产调控成效进一步显现，全国房价总体平稳，70个大中城市住宅销售价格下降及涨幅回落城市均有增加。面对依然分化的楼市，下半年政策有何动向？

【会议看点】要稳定房地产市场，坚持政策连续性稳定性，加快建立长效机制。

【点评】国务院发展研究中心研究员任兴洲说，这透露出下半年继续落实房地产调控政策信号,要在需求侧继续遏制投机性需求,坚持房地产领域"去杠杆",消除金融风险隐患,坚持"脱虚向实",防止泡沫积累。同时,要加强房地产长效机制和基础性制度建设,支持自住和改善需求,着力发展租赁住房市场,促进房地产市场健康发展。

6. 稳定外资和民间投资

上半年,我国民间投资增速虽有回升,但增长仍较缓慢;同时,实际使用外资金额连续出现负增长。下半年如何刹住有效投资增速放缓之势?

【会议看点】要稳定外资和民间投资,稳定信心,加强产权保护,扩大外资市场准入,增强营商环境对投资者的吸引力。

【点评】商务部研究院区域经济合作研究中心主任张建平说,外资和民资都是推动我国经济转型升级的重要力量。我们在优化市场环境上下了很大功夫,但仍然需通过进一步扩大改革开放来增强吸引力。比如降低生产性服务业、生活性服务业以及战略性新兴产业的准入门槛,引入负面清单管理模式,简化行政审批程序,提高政策法规透明度等,让民资和外资更好地发挥优化中国经济结构的作用。

7. 高度重视民生工作积极促就业

上半年,我国城镇新增就业735万人,同比增加18万人。下半年,如何趁势发力,应对好高校毕业生就业、去产能职工分流安置等难点任务?

【会议看点】要高度重视民生工作,积极促进就业,切实帮助困难群众解决生产生活中遇到的困难和问题。

【点评】人社部劳动科学研究所所长郑东亮说,就业是民生之本,确保困难人员、困难家庭实现就业是保障民生的基本要求。可以通过化解过剩产能、落实减税降费等措施,推动企业和实体经济发展,稳定现有用工需求。同时不断培育和发展新兴产业,支持民营企业和小微企业发展,积极拓宽就业渠道。我国已形成了一整套积极就业政策,公共就业服务体系不断完善,相信促进就业的效果将进一步显现。

(新华社北京 2017 年 7 月 24 日)

2017—2020 经济结构性改革的 30 条建议

● 2017—2020 年是我国经济转型的"最后窗口期"。抓住 2020 年这个时间节点，以结构性改革破解结构性体制矛盾，实现结构再平衡和结构升级，可以赢得一个 10—20 年的重要发展期。

● 以落实农民土地财产权为重点推动城乡关系二次变革，有利于盘活农村土地资源，为国内过剩资本找到新的投资空间，开拓经济转型的内需空间。

● 推进以自由贸易为主线的开放转型，将为经济转型与结构性改革注入强大动力，并给全球自由贸易和经济全球化带来重要影响。

● 以政府与市场关系为重点深化结构性改革，决定着经济转型进程。要使市场在资源配置中起决定性作用，在激发市场活力、企业活力上形成良好的制度预期，并实现全面深化改革的重大突破。

我国经济增长与增长方式正在发生趋势性变化，经济转型开始成为经济生活的主题。深化以经济转型为目标的供给侧结构性改革，对开启蕴藏着的经济增长新动能，对发挥经济发展方式变革的决定性作用，以及对利益结构冲击的深度和复杂程度，都不亚于 1978 年开启的改革开放。它不仅决定我国经济发展的未来，而且将对全球经济增长产生重大影响。

2017—2020年是我国经济转型的"最后窗口期"。抓住2020年这个时间节点，以结构性改革破解结构性体制矛盾，不仅有利于解决经济转型的短期矛盾，而且还将实现经济发展的新旧动能转换，努力赢得一个10—20年的重要发展期。

经济转型决定增长前景

尽管短期的经济增长面临某些不确定性，但由于经济转型升级蕴藏着巨大的增长潜力，未来5—10年，我国的发展仍将处于重要的战略机遇期。这是我国中长期持续增长的最大潜力。

1. 赢在转折点的时间窗口在2020。

2020年是经济转型的历史关节点：产业结构正由工业主导向服务业主导转型。到2020年，服务业占比可能达到58%左右，初步形成服务制造化和制造服务化相互融合、金融与实体经济相互促进的新格局。到2020年，户籍人口城镇化率有望达到50%左右，城镇居民服务型消费比重将由目前的40%左右提高到50%左右，消费总规模有可能扩大到50万亿元左右。到2020年，服务贸易规模有望超过1万亿美元，占我国贸易总额比重将达到20%以上。

2. 着力解决经济转型滞后的突出矛盾。

到2020年，以研发为重点的生产性服务业占GDP的比重要从2015年的15%左右提升至30%左右，全面提升制造业和农业的服务化水平，解决企业层面转型滞后的矛盾。国有企业去产能基本完成，初步实现传统国有企业向创新型企业的转型升级。解决区域层面转型滞后的矛盾，初步完成包括东北老工业基地、资源依赖型省市的经济转型升级。

3. 释放经济转型升级的巨大增长潜力。

经济转型将带来增长动力的转型,形成保持中速增长的重要源泉。未来几年,我国在信息消费、健康消费、旅游休闲消费、教育消费、文化消费、养老消费、体育消费、绿色消费等新型消费领域,都将产生数万亿级别的市场规模。户籍人口城镇化将直接带动近百万亿元左右的投资与消费需求。消费对经济增长的贡献率将稳定在65%—70%。

4. 以经济转型实现未来10年6%—6.5%左右的中速增长。

在服务业领域行政垄断和市场垄断逐步打破的条件下,服务业年均增长速度将保持在9%左右,按照这个增速测算,每年将带动经济增长3.8—4.3个百分点。加上人口城镇化、消费结构升级带来的巨大增长叠加效应,有望使经济增长速度在未来5年保持在6.5%左右,未来10年保持在6%左右。

5. 推进经济发展方式的革命性变革。

未来5—10年,是经济转型出现革命性变革的重要阶段:推动新一轮科技革命与经济转型有机融合。到2020年初步完成从"工业2.0"向"工业3.0"的升级,2025年基本完成"工业3.0"的升级,在"工业4.0"上形成一大批具有国际领先水平的产业集群。以大数据、云计算、物联网、智能化、传感技术等新技术推动生产方式、生活方式变革,使新经济比重到2020年达到40%左右,2025年达到50%左右。以制度创新带动科技创新与产业创新,形成和放大创新的联动效应。

6. 以经济转型带动社会转型。

以经济转型创造更多中高收入就业岗位,奠定橄榄型社会形成的重要基础。从国际经验看,进入高收入阶段的国家,中等收入群体比例之所以超过50%,重要前提是50%以上的人口成为城镇居民,并大都在服务业领域就业。未来5—10年,如果能够顺利推进经济转型,我国的中等收入群体比重有可能达到45%左右。

7. 以经济转型倒逼治理转型。

经济转型涉及市场治理、社会治理、政府治理的深刻变革，牵一发而动全身。以经济转型倒逼政府转型，重塑政府与市场、政府与社会关系，到2020年，初步实现国家治理体系和治理能力现代化。

8. 以经济转型提升我国对全球经济的重要影响。

以我国的服务型消费为例，尽管起步晚，但绝大多数领域呈现爆发式增长，旅游、教育、电子商务、手游、物流、机器人等新型消费市场规模均达到全球第一，某些领域通过2—3年就达到市场规模全球第一。未来10年左右，服务型消费有望推动我国成为全球第一大消费市场。我国对世界经济增长的贡献率将保持在25%—30%。

结构性改革决定经济转型进程

经济转型的本质，是通过结构调整和制度变革，实现结构再平衡和结构升级。以结构性改革破解结构性体制矛盾，对经济转型具有决定性影响。

9. 服务业对社会资本全面开放。

未来几年，深化供给侧结构性改革的重点是加快推进服务业市场开放。打破服务业领域的行政垄断、行政管制和行政壁垒，1—2年内全面放开竞争性领域、非基本公共服务领域价格管制，争取到2020年使服务业领域市场化程度接近工业领域的水平。研发设计、第三方物流、融资租赁、信息技术服务、节能环保服务、检验检测认证、电子商务、商务咨询等领域有序放开市场准入，取消某些不合理的经营范围限制。教育、医疗、健康、养老、文化等非基本公共服务领域全面放开市场准入，基本公共服务领域原则上引入竞争机制。争取到2020年，除了高档娱乐服务业外，全国基本实现服务业用地与工业用地"同地同价"，实现体制内外人才政策待遇平等，实现各类所有制企业平等参与政府采购。

10. 以振兴实体经济为目标加快税收结构调整。

经济转型升级客观要求推进税收结构性改革。改革以企业税、流转税为主的税制，进一步提高直接税比重，改革个人所得税征收方式，扩大财产税征收范围，探索启动开征遗产税、赠与税等新型税种。加快房地产税立法，推进消费税改革，将房地产税和消费税作为未来地方政府的主体税种，降低对增值税的依赖。

11. 以职业教育为重点推进教育结构改革。

总的看，我国教育改革滞后于经济转型进程，并成为制约转型升级的重要因素。未来5年，要下大决心深化教育结构性改革。例如：支持社会资本、外资兴办职业教育。简化设立职业教育学院的审批，在土地使用、财政支持、政府购买、人才培训等方面给予民办职业教育机构和公办机构同等的地位和待遇。鼓励以股权出让、股份合作、联合培养等多种方式，引导社会资本进入公办职业教育机构。推动一批普通本科高等学校转变成应用技术型高等学校和高等职业教育学校。

12. 以扩大中等收入群体为重点深化收入分配制度改革。

建议适应全面建成小康社会进程，与国家减贫计划相配套，出台《扩大中等收入群体国家规划》，通过健全劳动者报酬的保障机制、基本公共服务均等化、减轻中低收入者税负等，努力实现到2020年中等收入群体占比达到45%、规模扩大到6亿人左右。

以落实农民土地财产权为重点释放经济转型的巨大红利

以落实农民土地财产权为重点推动城乡关系二次变革，有利于盘活农村土地资源，释放城乡一体化巨大红利；有利于为国内过剩资本找到新的投资空间，形成农业农村发展的巨大新动能；有利于开拓经济转型的内需空间，为去产能、去库存开辟巨大市场空间。这是推进农业供给侧结构性改革的重大举措。

13. 以落实农民土地财产权释放内需潜力。

当前，我国解决农业农村现代化的客观条件出现新的变化。国内资本由短缺走向过剩，全社会对绿色食品、高质量农业的需求日益增多，如果土地产权制度安排得当，就有条件引导部分社会资本流向农业农村。由此，形成农业农村发展的新动能。

14. 扩大农村土地承包权流转范围。

农村土地承包权限于本集体经济组织内流转，不仅容易压低交易价格，还容易形成新的"地主"。按照十八届三中全会提出的"允许农村集体经营性建设用地出让、租赁、入股，实行与国有土地同等入市、同权同价"的精神，建议在严格农村土地用途管制和规划限制的前提下，扩大农村土地承包权的流转范围，简化农村土地承包权流转程序，使农村土地承包人可依法自主决定土地承包权流转。

15. 从法律上赋予农民长期而有保障的土地财产权。

建议修改《土地管理法》：赋予农村土地使用权人的土地用益物权，使其拥有对土地使用权依法享有占有、使用、收益的权利；突破土地承包经营期限为三十年的限制，实现农村土地承包关系稳定并长久不变。

16. 落实农民宅基地及住房财产权。

从法律上赋予农民对宅基地使用权的用益物权性质，赋予其占有、使用、收益、转让、抵押、继承的完整权利。改变目前以成员资格无偿分配的制度，明确使用期限；尽快结束现行法律限定农民宅基地"一户一宅"、转让限于本村村民之间的半商品化状况。

17. 打破城乡建设用地市场分割，统一城乡用地市场。

打通城乡资本、土地和住宅市场，实现双向流通，推进乡村房地产与城市国有房地产两个市场接轨。建立两种所有制土地"同地同价同权利"的平等制度，形成公开、公正、公平的统一交易平台和交易规则，只要符合相关法律，遵守交易规则，无论政府、农民集体、国有土地用地单位等，都可以在统一的土地交易市场从事土地交易。

18. 2020：让城乡二元的户籍制度成为历史。

尽快制定并实施"以全面实行居住证制度取代城乡二元户籍制度"的具体行动方案，到2020年基本建立以身份证号为唯一标识、全国统一的居住证制度；统筹推动户籍制度和农村土地财产权制度改革，让农民"带着土地财产权进城"。建议中共十九大明确宣布，2020年全面取消城乡二元户籍制度。

以自由贸易为主线加快推进开放转型

在经济全球化与国内经济转型历史交汇的大背景下，推进以自由贸易为主线的开放转型，不仅将为经济转型与结构性改革注入强大动力，而且将对全球自由贸易和经济全球化带来重要影响，使我国由经济全球化的重要参与者转变为主要引领者。

19. 以自由贸易战略引领经济全球化。

从短期看，自由贸易和经济全球化进程将经历一个重大调整，但从中长期看，自由贸易大趋势难以逆转。经济全球化新动力正在孕育形成。2015年，服务贸易占全球贸易的比重达到23%；若按附加值计算，这一比重估计达到50%左右。技术革命和信息革命大大降低全球化成本，推动全球化向前走。这就需要主动适应和引领经济全球化，积极参与 WTO，推进开放、包容、共享、均衡的自由贸易进程，促进经济全球化可持续发展。

20. 以建立自由贸易区网络为目标推进"一带一路"进程。

在经济全球化新变局的大背景下，"一带一路"成为经济全球化的新主角。在推进基础设施互联互通与产能合作的同时，需要明确把自贸区网络建设作为"一带一路"的重要目标。按照先易后难、循序渐进的原则，采取"早期收获计划"、框架协议、双边投资协定等形式，共建形式多样的双边、多边自贸区。例如，以打造东盟—中国"10+1 升级版"推动与东南亚国家的合作进程；加快推进上海合作组织自由贸易进程；推进中国-海合会自贸区进程；提速亚太自贸区建设，以建立区域全面经济伙伴关系协定（RCEP）为突破，争取到 2020 年亚太自贸区实现重大突破；争取 2020 年建立中欧自贸区。建议以服务贸易为重点，尽快合并中欧投资协定谈判和中欧自贸协定谈判。

21. 尽快形成以服务贸易为重点的开放新格局。

服务业市场开放是服务贸易发展的基础。建议尽快形成国家层面服务业市场双向开放的行动计划，明确 2020 年服务贸易占外贸总额比重达到 20% 以上的目标，推动服务贸易与服务业市场开放的融合：出台服务业对外开放政策目录，打破各类垄断，稳定、增强社会资本和外资的预期；推进教育、文化、医疗、健康等生活性服务业，以及建筑设计、会计审计、商贸物流、电子商务等生产性服务业有序对外开放，支持外资以特许经营方式参与能源、水利、环保、市政等基础设施建设运营；支持具备条件的服务业企业"走出去"开拓国际市场。

22. 以服务贸易为重点推进国内自贸区转型。

这几年，国内自贸区以负面清单为重点的改革取得重要进展，但负面清单目前仍有122项，其中80余项针对服务贸易。推进以服务贸易为重点的开放转型，关键在于把服务贸易开放先行先试作为国内自贸区建设的主要目标。参照国际经验，尽快减短负面清单，争取到2020年把自贸区服务贸易负面清单压缩到40项以内。

23. 加快推进产业项下的自由贸易进程。

从不同区域的特定优势出发，支持具备条件的地区率先实行旅游、健康、医疗、文化、职业教育等产业项下的自由贸易政策，走出一条开放转型的新路子，为全国范围内的全面推开积累经验。比如，海南可以探索健康医疗、旅游、职业教育项下的自由贸易。

24. 全面推进粤港澳服务贸易一体化。

推进粤港澳服务贸易一体化，重要的是在管住货物贸易的同时全面放开人文交流。鼓励并支持粤港澳三地青年人积极开展多种形式的沟通、对话、交流；率先在广东实施港澳居民自由落户政策；鼓励港澳人才到广东就业创业；推进三地服务业投资自由化，扩大港澳在广东省服务业投资自由化的范围；创新粤港澳服务贸易负面清单管理模式，加快粤港澳通关体制一体化，推进三地行业标准与管理规则对接。建议在中央层面建立协调机制，加强对粤港澳服务贸易一体化的指导、督办、落实；建立三地共同参与的联席会议制度，形成粤港澳服务贸易一体化的合作机制。

25. 强化国家对外经济战略职能。

作为开放大国，我国面临越来越多的全球经济事务。务实推进开放转型、有效防范开放风险，亟须改变对外经济职能分散、缺乏统筹的格局，强化统一领导、统一协调的对外经济职能。建议加快谋划、统筹研究我国新阶段对外开放战略体系建设，强化对外开放中长期规划协调职能；整合协调各部委对外经济合作和对外援助职能；整合分散在不同部门的国际人才管理职能，成立国家移民局，专司国际人才管理事务。

处理好政府与市场关系决定结构性改革成败

以政府与市场关系为重点深化结构性改革，决定经济转型进程。深化结构性改革，要紧紧抓住政府与市场关系这个"牛鼻子"，使市场在资源配置中起决定性作用，在激发市场活力、企业活力上形成良好的制度预期，并实现全面深化改革的重大突破。

26. 以市场手段为主推进"去产能、去库存、去杠杆"。

去产能、去库存、去杠杆的本质是实现市场自身的供求平衡，主要由行政力量推动很难持续奏效。这就需要按照中央经济工作会议提出的"防止已经化解的过剩产能死灰复燃"要求，尊重市场规律，形成更多运用市场手段、法治手段的改革行动方案，推动企业优胜劣汰、优化重组。

27. 强化政府在"降成本、补短板"上的重要职责。

一方面，以降低制度性成本激发市场活力。最大限度地实现企业注册登记便利化，形成全国统一的企业简易注销方案，适时取消企业一般投资项目备案制。一般投资项目一律由企业依法依规自主决策，对企业违法行为，政府以事后监管为主；推行法人承诺制。另一方面，以补短板促进去产能和去库存。例如，去库存主要的矛盾在三四线城市。政府的主要作用不在于限制中心城市房地产市场交易，而在于加快补人口城镇化这个"短板"，为三四线城市房地产去库存找到现实出路。

28. 形成政府主要管资本的国有资本管理新体制。

国有资本从低效、无效的产能领域退出，更多配置在高效的产能领域和公益性领域，是供给侧结构性改革的重大任务，也是国企转型升级的关键所在。建议：把实现国有资产管理体制由"管企业"向"管资本"的转型作为深化国企改革的主攻方向。尽快出台国有资本投资、运营公司的改革方案。以发展混合所有制为重点扩大社会资本参与。垄断行业尽快向社会资本推出一批重大项目，敢于让利，让社会资本有盈利的预期。要明确界定公益性国企和竞争性国企，这是国有资本战略布局调整的前提。建议从国家层面形成"关系国家安全和国民经济命脉的重要行业和关键领域"明确的目录与标准，为国有资本有进有退提供指导；将政府履行国有资本所有权的宏观管理、资本运营、监督评价三种职能严格分开行使。

29. 推进以监管变革为重点的简政放权改革。

无论是加快服务业市场开放还是防范经济金融风险、落实国家食品安全战略，都需要把监管变革摆在政府改革的突出位置。当前的突出矛盾是，行政审批与市场监管合二为一的体制下，重审批、轻监管的格局难以改变，监管的独立性、权威性、专业性难以实现。建议：把监管变革作为深化简政放权改革的重点，实现由行政型监管为主向法治化监管为主转型；加快调整金融、垄断行业、食品药品监管权力结构，推进监管与行政审批的有效分离。

30. 加强经济转型的顶层设计。

经济转型具有长期性、系统性、深刻性、复杂性和艰巨性，需要在全社会形成共识，更需要有打持久战和攻坚战的准备。建议：尽快出台面向2025国家经济转型的中长期规划，强化经济转型与结构性改革的统筹协调与顶层推动，鼓励地方结合实际探索创新，充分发挥基层的首创精神。

[载《经济参考报》2017年3月1日，作者为中国（海南）改革发展研究院]

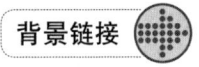
背景链接

中国破解西方经济理论的一大谜题

◆十八届三中全会把市场在资源配置中的"基础性作用"修改为"决定性作用",这是我们党对中国特色社会主义建设规律认识的一个新突破

◆"两只手都要硬",硬而不僵,更加尊重市场作用,更好发挥政府作用

◆"两只手都要活",活而不乱,充分发挥"两只手"各自的优势

◆受访专家(排名不分先后,以姓氏笔画为序):

陈　平,复旦大学中国研究院研究员

韩保江,中央党校经济学教研部主任

胡鞍钢,清华大学国情研究院院长

王　军,中国国际经济交流中心信息研究部部长

十八大以来,中国社会主义市场经济体制建设中,最重大的思想和理论创新之一就是社会主义政府与市场关系的新论断。

十八届三中全会《决定》提出,"经济体制改革是全面深化改革的重点,核心问题是处理好市场与政府的关系,使市场在资源配置中起决定性作用和更好发挥政府作用。"这个重要判断是十八大以来以习近平同志为核心的党中央最重要的理论创新之一，廓清了数百年来经典政治经济学家们的未解之谜。有利于在全党全社会树立关于政府和市场关系的正确观念，有利于转变经济发展方式，有利于转变政府职能，有利于抑制消极腐败现象。

2014年5月26日，习近平总书记在主持中共中央政治局第十五次集体学习时指出：在市场作用和政府作用的问题上，要讲辩证法、两点论，"看不见的手"和"看得见的手"都要用好，努力形成市场作用和政府作用有机统一、相互补充、相互协调、相互促进的格局，推动经济社会持续健康发展。

过去相当长的一个时期，围绕着政府与市场之间的关系，我国政学商界发生过不少的激辩。接受《瞭望》新闻周刊采访的多位学者认为，十八大尤其是十八届三中全会，以习近平同志为核心的党中央，在总结改革开放30多年实践经验基础上，不仅从中国的具体实践，而且还从唯物辩证法的视角，前所未有地进一步廓清了社会主义市场经济条件下二者的关系，在社会主义市场经济理论体系中创新提出了政府与市场关系的新论断，形成了经得起历史考验的理论共识和社会共识。

"盲目批评中国市场扭曲，幻想只凭与'国际接轨'就能解决中国全部发展问题，或者抽象地强调加强政府作用，都是不可取的。中国经济发展的理论和实践价值是认清了市场和政府的辩证关系，正本清源，找到与自身国情相适应的市场经济建设路径。"近日，复旦大学中国研究院研究员陈平就此对《瞭望》新闻周刊记者谈到，十八届三中全会《决定》基于30多年改革开放实践提出社会主义市场经济政府与市场关系的新论断，有力地解答了政府与市场关系这个西方经济理论至今没能阐述清楚的重大谜题。

里程碑式的政治经济学经典论断

《瞭望》：十八届三中全会确定市场在资源配置中起决定性作用和更好发挥政府作用以来，如何看待这一重要思想对于政商学界的影响？

韩保江：这一经典论断具有重要历史意义。结合中国实践经验以及国际教训，习近平总书记提出这一重要论断，无论是对经济理论本身的发展，还是对政府如何扮演好自己的角色，以及如何用好市场这只"看不见的手"，都具有重要指导作用。

把市场的作用由基础性提高到决定性，这一论断是前所未有的，甚至连信奉市场的西方学者都未有过这样的判断。这也说明中国不仅要坚定市场经济的改革方向，而且明确政府要从过去的一些领域退出来，资源配置、价格决定等要不折不扣地交给市场。这对市场发挥在资源配置中的作用，提高效率，是非常积极的信号。

从具体实践看，十八大尤其是十八届三中全会以来，中国也正是沿着这个方向在努力。比如，我们对增长速度的调控，对结构性改革着力点的确立，都充分体现了政府如何更好发挥作用这一基本要求。通过减税、减少审批等举措，遵循市场规律、善用市场机制解决问题。同时，政府又根据新的形势主动作为。正是因为对政府与市场关系较好的处理，我们才能够在世界经济整体平庸的情况下保持6.5%以上的增长。

从这个角度来说，这一论断的理论意义、实践意义、政策意义都是空前的。可以说，既是对世界经济发展史规律性的总结，更是对中国改革开放近40年来发展经验的总结。

胡鞍钢：如何正确认识并处理好政府与市场的关系，始终是中国经济体制改革的核心问题。这是因为政府和市场是目前中国发展的两大推手，二者在不同领域、不同层面发挥着不同作用。

改革开放以来，中国共产党人对这一关系进行了长期的探索、实践和理论创新，这本身也是对经济与政治、生产力与生产关系、经济基础与上层建筑重大关系的探索、实践和理论创新。前人并没有给我们提供现成的答案，因而必须创新当代中国马克思主义政治经济学。

针对围绕政府与市场关系的激烈辩论，习近平总书记不仅从中国的具体实践，而且还从唯物辩证法的视角，提出了"两手合力论"。这是习近平经济思想最重要的创新之一。

2014年5月26日，习近平在主持中共中央政治局第十五次集体学习时指出：在市场作用和政府作用的问题上，要讲辩证法、两点论，"看不见的手"和"看得见的手"都要用好，努力形成市场作用和政府作用有机统一、相互补充、相互协调、相互促进的格局，推动经济社会持续健康发展。

王军： 使市场在资源配置中起决定性作用和更好发挥政府作用，这样的提法在我们党的文件中，以及我们对政府和市场关系的认识中，都是具有里程碑意义的表述和论断，是理论上的重大突破。经过几年的实践，我们看到，这一论断对于帮助大家认识这一理论问题和指导实践发挥了重要作用。

这一论断也给市场传递出明确信息，中国向市场经济深入迈进的步伐不会停滞，这给市场主体、给企业家的鼓舞是非常巨大的。同时，对政府的职责边界也作出了界定。

《瞭望》： 对市场在资源配置中起决定性作用的认识相对统一，更好发挥政府作用却是一个不断实践与探索的过程。如何理解其内涵？

韩保江： 更好发挥政府作用，实际上就是强调，在中国的市场体制中，政府这只"看得见的手",是过去几十年中国经济发展取得巨大成就的一个重要条件。在肯定政府作用的同时,要针对新的形势,针对市场在资源配置中起决定性作用这一要求,针对新时期资源配置环境的变化(如虚拟经济),就政府如何把该放的放下去,该管的管起来,为市场主体做好服务,提出了更高更明确的改革和发展目标。

说到底,还是要坚持问题导向推进改革。政府这只"看得见的手",有时由于旧有的计划经济思维残余和一些部门与地方官员的功利性政绩意识,也会异化为"闲不住的手",政府越位、缺位、错位问题都会时不时地发生。

因此,一方面,政府要厘清在开放市场经济下所扮演的角色,将激发老百姓的能动性,以及维护好、保护好老百姓发展创业的积极性和创造性作为政府最重要的职责;另一方面,政府要找准在市场当中该发挥作用的位置。十八届三中全会讲得很清楚,政府作用基本的功能就是弥补市场失灵。

王军:更好发挥政府作用,在实践中还有不尽如人意的地方。我国市场经济存在转轨特征,以及计划经济系统遗留下来的影响,使得市场决定性作用的发挥还有一段路要走。1994年确定建立社会主义市场经济后,改革方向就已明确。但2008年国际金融危机后,一些不该政府发挥的作用被强化了,而本该市场发挥作用的市场角色被弱化了。十八届三中全会之后,更加明确地指出了改革的目标和方向,有助于更好地认识政府的职责定位到底应该是什么样的,政府的边界在哪里。

完全自由的市场并不存在

《瞭望》:相当长时期内,中国的市场经济建设受到西方经济学的很大影响。如今看来，西方经济学对市场的理解与真实世界存在哪些矛盾？

陈平：事实上，现在国内外大学教的西方经济学只是一个流派，也即新古典经济学。新古典经济学给出的是自稳定的市场机制：需求曲线和供给曲线只有一个交点，即市场的均衡态。前提条件要求需求方是"理性人"，能做独立的优化判断，规避风险，不受他人影响；供给方需满足规模报酬递减或不变，只求利润最大化，不追逐市场份额。

但这个供给曲线在现实中画不出来，因为根本不知道交点在哪里。炫耀消费的非理性行为，金融寡头垄断和内部交易，股市投机"追涨杀跌"的羊群行为等，都可能导致价格信号不能充分反映商品的质量和资产的优劣，也不一定能引导消费者做出合理的买卖决定。

供给机制方面，市场分割与垄断、规模报酬递增、断裂式的技术替代等引发的内生不稳定性，国际市场投机热钱的冲击，以及政府政策的失误等因素，都会造成市场稳定机制的破坏。

显然，西方经济学最大的误导就是只讲市场平衡，不讲政府干预。

《瞭望》：是不是正因为这种纯粹理论的自由市场不存在，才特别强调规范市场的现实意义？

陈平：西方市场经济发展至今，在国家治理层面的实践，实际上是不断完善规范市场的过程。规范市场表现在价格稳定、竞争有序。但成立条件远比教科书经济学的完美自由市场复杂，包括严格的质量检测标准、严格的市场准入和退出机制、严格的监管机制、多种竞争的产权体制、严惩欺诈行为以及应对危机的系统办法。

比如，巴黎农贸市场管理非常规范。谁有资格到市中心摆一个摊位呢？如果按照自由市场竞争原则，那就可能是天价摊位，不但由此抬高城区生活水平，甚至加剧贫富差距。但巴黎农贸市场游戏规则体现了良好的规范性，货车规格、摊位大小等标准化，进行模块化管理，度量衡全部都要检查。在摊位有限情况下，如果有摊位空出，在前期达标的基础上，竞争者比拼自己的创新能力。所以，巴黎农贸市场的店铺各有特色，而不是千篇一律。

这其实也反映出规范市场的实质，市场和政府"两只手"须臾不可分离。

韩保江：中国社会主义市场经济建设实践中，很早就认识到市场不是万能的。比如，中国的房地产市场，商品房改革确实解决了很多问题，但市场本身又带来了新的问题。市场只相信货币的力量。它对购买力背后的社会平等、社会正义是不关注的。从老百姓利益角度来看，市场就是嫌贫爱富的。过去，我们对市场灵验的规律认识比较多，比如优胜劣汰、推动社会技术进步、提高效率等。但我们对市场失灵的规律认识不够。市场的失灵规律表现为垄断、信息不充分、机会主义、经济波动等，这就需要政府来校正市场的失灵。

《瞭望》：这是否可以归纳为规范市场是通过一系列规则来实现的？对于这样的市场环境，政府究竟要扮演什么角色？

王军：要让市场发挥决定性作用，首先得是一个规范的市场，而在规范市场的建设过程中，离不开政府的作用。政府首先就要建立和完善法制，让法治精神成为全社会的共同理念。在这方面，政府除推进简政放权等工作外，还需要依靠法律来明晰各自的责权利，这是政府当仁不让的一个职责。

除此之外，好的市场的建立，需要政府的培育、扶持、监管、维护乃至引导。尤其是全国统一大市场的建设，需要政府着力打破利益分割，破除各种障碍与地方保护。在当前的转型期,市场规则并不是很完备,法制建设更需努力,尤需政府及时补位。

陈平:目前,中国有几个领域管理尤其需要加强规划。

首先是金融。当前,中国非法集资案件多发,就是对什么人有资格来办金融机构监管不力的表现。在市场规范方面,成立金融公司与成立航空公司一样,要查资质,要看管理团队的金融业务经历和能力,特别是其高管层有过什么资历,过去在做金融时有没有投机犯罪前科,其资本金来源渠道是哪里。事实上,中外合资经营领域,西方投资监管部门对中国企业的尽责调查深度,远远超乎我们想象。

其次是教育和医疗。现在,国内市场上不少教育培训机构和医护服务机构,都尚缺乏完善健全的资质认定和经营监管机制,不但规范不到位而且规范力度和精度都有较大不足。

诺贝尔经济学奖获得者斯蒂格利茨曾就此讲过一段话:"你别照美国人说的做,你得看美国人怎么做。"这说明,西方发达国家的市场治理,说的和做的完全是两码事。尤其是在规范市场的建设方面,可以说美国下了两百多年的功夫,才形成了目前较为发达的市场体系。也就是说,表面上的自由买卖背后有"看得见的手",有巨大而复杂的制度成本支撑。

坚定中国改革实践的理论自信

《瞭望》:下一阶段,如何将这个中国改革实践的理论突破变成我们下一步社会主义实践的自觉行动?

胡鞍钢:当前,我们发展的总依据,就是我们仍处于社会主义初级阶段。"两手合力论"帮我们拨开了人类社会发展的历史迷雾,成为指导我们实现"两个一百年"奋斗目标的可靠理论工具。而具体到行动上,我们还有许多工作要做。

事实上，中国在发展市场经济方面，还只有比较短的历史，不是一个长期演进、高度成熟、法治完备、充分竞争的现代市场经济国家，还存在着这样那样的问题。

2013年11月党的十八届三中全会上，在作关于全面深化改革决定的说明时，习近平总书记非常清醒也非常明确地指出，"市场秩序不规范，以不正当手段谋取经济利益的现象广泛存在；生产要素市场发展滞后，要素闲置和大量有效需求得不到满足并存；市场规则不统一，部门保护主义和地方保护主义大量存在；市场竞争不充分，阻碍优胜劣汰和结构调整，等等。"我们既不能因为存在这些缺陷而放弃社会主义市场经济体制改革的方向，也不能对此自由放任，而是要不断完善社会主义市场经济体制。

作为东方巨人，中国的确需要"两只手"形成合力，即"看得见的政府之手"和"看不见的市场之手"劲往一处使。"两只手"总是优于"一只手"。政府和市场"两只手"要协调配合，政府"看得见的手"与市场"看不见的手"之间不是相互对立的，而是相辅相成的，要统筹把握、优势互补、有机结合、协同发力，要各安其位、各得其所、各展所长。"两只手都要硬"，硬而不僵，更加尊重市场作用，更好发挥政府作用；"两只手都要活"，活而不乱，充分发挥"两只手"各自的优势。

（刊于《瞭望》2017年第26期）

中国制造业现状调查：处于历史低谷还是爆发前夜？

今年上半年，经济下行压力大，一些城市房价涨势明显，不少制造业企业融资难、负担重，有人担心中国经济正在"脱实向虚"，制造业正处于历史低谷。

与此同时，在全国多地，智能制造、共享经济等新技术新模式亮点频现，一些新的产业集群悄然崛起，不少高精尖产品的研发成功，使"中国制造"增加了"高端气质"。

如何判断"中国制造"的真实态势——正处于历史低谷还是爆发前夜？2017年下半年乃至未来更长的时间，中国制造业何去何从？

企业运营压力加大，"脱实向虚"并未波及基本面

对智能手机制造企业龙旗电子（惠州）有限公司董事长葛振纲而言，尽管发展势头较好，但外部压力并没有减轻。对企业来说，赚钱需要创新，可创新首先需要钱。

"融资的要求越来越高，成本也在攀升，做实业想干出点名堂越来越难。"葛振纲说，和龙旗同期成立的两家业内企业，一家已转入房地产，另一家则结业出售，彻底脱离了实体领域，只有我们坚持了下来。

葛振纲的压力并非个案。我们走访发现，筹钱、挣钱，是上半年我国制造业面临的两大难题。

——融资难。与近年来火热的房地产市场、部分金融领域投资的高回报相对应的，是民间投资不旺。虚拟经济见效快，人们不愿意花大把钱在实业上。在去产能、去杠杆的背景下，银行调整信贷政策，一些企业现金流的压力陡增。

——收益难。一边是能源、劳动力、物流、管理等综合成本上升，一边是产品科技含量不高、附加值低、低水平重复建设多，制造业企业盈利能力较弱，运营压力加大。

国家制造强国建设战略咨询委员会发布的《中国制造2025蓝皮书（2017）》显示，我国工业与房地产、金融业等之间存在的收入差距加大，一些资金抽离实体部门。据测算，目前工业行业平均利润率在6%左右，银行业营业利润率是工业行业的7倍。

"我是自动化专业毕业的，同学中现在很多转行去了金融，留在制造业的已经不多。"天津一家从事磁悬浮轴承研发的企业总工程师告诉记者，太辛苦、回报低是很多实体经济从业人员的共同感受。赚不到钱，就留不住人。没有人才，创新和发展则难以持续。"脱实向虚"趋势下，人们开始担忧会由此引发多米诺骨牌效应。

上海交通大学校长林忠钦认为，"脱实向虚"既有外在因素的影响，也反映出我国制造业"含金量"不高的问题。越是经济面临下行压力，越不能忽视结构性失衡风险。

在工信部副部长辛国斌看来，要充分认识到"脱实向虚"苗头带来的警醒，看到"中国制造"在产品质量、科技含量、清洁环保等方面与发达国家存在的差距以及转型的急迫性。但他同时指出，也不要夸大问题和风险，唱衰制造业。

国家统计局发布数据显示,上半年全国规模以上工业增加值同比实际增长6.9%。制造业投资增长5.5%,比1至5月份加快0.4个百分点,增速回升。

辛国斌说,"脱实向虚"并没有波及基本面,众多制造业企业正在化成本压力为转型动力,沿着高端化、信息化、智能化、绿色化不断创新。

环境倒逼企业创新意识,"中国制造"向前沿领域出击

我们调研发现,在环境倒逼之下,企业创新意识和积极性明显加强,新技术新模式不断涌现,逐步推动产业间、区域间推陈出新。

在今年3月举行的一场国际经销商大会上,美的集团空调事业部广州智能工厂厂长汪小进以视频连线的方式,向全球市场展现了最新"智能工厂"——100多台机器人、机械臂有条不紊地完成铜管折弯、安放压缩机、部件组装等步骤。通过手机、平板电脑,管理者可对生产全部环节实时监督。

美的集团副总裁顾炎民说,智能制造改变的不仅是效率。在新技术驱动下,每个人可以和工厂"对话",消费升级也有了厚实的产业基础。美的用智能技术化解成本压力,打开新市场空间。

工信部规划司副司长李北光说,将信息技术融入传统制造业是中国制造业转型升级的"金钥匙",目前已在服装、家电、装备制造等多个领域大范围实践,不仅解决了存量过剩、效率不高等问题,还催生出了共享经济、众包众创等新业态。

此外,"中国制造"也向前沿领域出击:山东华星环保集团研发出低密度高强度石油压裂支撑剂,打破国外企业在石油开采材料上的垄断;中国移动和中兴通讯联合研发、部署的5G试验基站实现了每秒2千兆以上的单终端下行峰值速率；用国产 CPU 的"神威·太湖之光"成为世界首台运算速度超过每秒十亿亿次的超级计算机……

工信部科技司副司长范书建说，制造业创新步伐正在加快，在透明显示技术、锂离子电池等多个领域研究取得重要进展，或将引领新的产业。

创新因子流动汇聚，打破传统发展格局，一批新产业集群正在崛起。湖南株洲的"动力谷"、武汉的"光谷"、深圳的无人机……积极吸纳、移植高端生产要素和先进分享技术，区域间产业承接更加平衡，制造业"新版图"正浮出水面。

数据显示，上半年，我国高技术产业和装备制造业增加值同比分别增长 13.1% 和 11.5%，占规模以上工业比重分别为 12.2% 和 32.2%。制造业向中高端迈进。

"从中长期看，我国制造业正处在'爆发前夜'。虽然尚未实现总体跃迁，转型升级的压力依然很大，但向好趋势逐步明朗。"中国电子信息产业发展研究院装备工业研究所所长左世全说，德国、日本等制造业强国整体转型用了二三十年。对于"中国制造"的前景，要保持理性与乐观。

未来中国制造业如何走出困境？

今年以来，各级政府更加注重从供给端发力，一些着眼于中长期的机制正在逐步建立：清理能源领域政府非税收入电价附加，降低电信网码号资源占用费、公安部门相关证照费等行政事业性收费标准，推动物流降成本……

国家就降成本提出了非常具体的改革方案。官方数据显示，随着一批新的减税降费措施实施，今年已落地的"降成本"举措将每年为企业减负超过1万亿元。

一边是降成本，一边是找"活水"。从开展创新创业债试点工作到优化中小企业资本形成机制，从拓宽社会融资渠道到深化房地产调控，治理"加杠杆"行为，引导资本注入实体力度不断加大，制造业特别是中小企业融资难问题正在缓解。

中国国际经济交流中心副理事长朱之鑫认为，制造业面临的结构性矛盾表面上看是要素配置扭曲，根源还是体制机制障碍。在市场制度层面，健全市场准入、市场交易、要素流动等制度；在企业发展层面，激励创新、保护产权、减轻负担、打破垄断；在政府管理层面，简政放权、搭建平台、创新服务。

制造业自身也在经历着变革。12年前笔记本代工占全球"半壁江山"时，昆山就意识到了"缺芯少屏"难以为继。曾是全球最大笔记本电脑生产基地的江苏昆山，正从代工电脑转为研制附加值更高的智能手机，自主知识产权不断孵化，推动昆山电子信息产业走向"中高端"。

在工信部和地方指导下，我国逐步推出制造业的示范试点城市，推动形成因地制宜、区域联动、错位竞争的制造业发展新格局。

辛国斌说，工信部将扩大试点示范城市（群）覆盖面，选择20至30个基础条件好、示范带动作用强的城市（群），继续开展"中国制造2025"试点示范创建工作。发展优质制造，提高"含金量"。

国家和行业出台一系列扶持引导举措。如建立国家级创新中心，促进更多科研成果转化为生产力；加快国内质量安全标准与国际并轨，建立可追溯体系，补齐品质短板；出台保险补偿机制试点，健全对创新的容错机制，加快创新成果的产业应用……

辛国斌说，2017年，工信部还将遴选一批长期制约产业发展、未来2至3年内有望取得突破的项目集中力量攻关，并研究设立中国制造2025发展基金，鼓励金融机构向企业开展知识产权质押融资，同时加强知识产权保护，让企业从创新中获得应有的回报。

"科技决定制造业升级的'段位'，改革决定制造业跨越的速度。"中国电子信息产业发展研究院院长卢山说。

（新华社北京2017年7月19日）

第二章

新的伟大工程

>> 改革纵览

彰显领导核心作用
——党的十八大以来全面加强党的建设成就综述

伟大时代领航奋进，大潮奔涌砥柱中流。

党的十八大以来，以习近平同志为核心的党中央总揽全局、协调各方，以上率下、层层推进，全面加强党的领导，深入推进党的建设新的伟大工程，进一步增强党的凝聚力、战斗力和领导力、号召力。一个更加坚强有力的党，正领航着中国号巨轮在实现中华民族伟大复兴的征程上劈波前进。

统领全局　协调各方

"党的十八大以来的5年，是党和国家发展进程中很不平凡的5年。"7月26日，习近平总书记在省部级主要领导干部专题研讨班上发表重要讲话，从9个方面深刻概括了党的十八大以来，党和国家发展走过的很不平凡的5年。这"不平凡的九件大事"中，第一件大事就是全面加强党的领导，大大增强了党的凝聚力、战斗力和领导力、号召力。

事在四方，要在中央。坚持党的领导，首先是坚持党中央的集中统一领导。

党的十八大以来，习近平总书记亲自"挂帅"中央全面深化改革领导小组、中央财经领导小组等多个领导小组组长，党中央进一步加强对经济建设、政治建设、文化建设、社会建设、生态文明建设、军队和国防建设等工作的领导……党总揽全局、协调各方的作用充分发挥，成为战胜各种风险挑战的根本保证。

党政军民学，东西南北中，党是领导一切的。

中央政治局常委会听取全国人大常委会、国务院、全国政协、最高人民法院、最高人民检察院党组工作汇报，这是保证党中央集中统一领导的一项重要制度安排。

中央统战工作会议、中央党的群团工作会议、党的新闻舆论工作座谈会、全国国有企业党的建设工作会议、全国高校思想政治工作会议、全军政治工作会议……每一个相关领域重要会议的召开，习近平总书记都出席并作重要讲话，对各项工作进行总动员、总部署。

党中央制定的理论和路线方针政策，成为全党全军全国各族人民统一思想、统一意志、统一行动的依据和基础。

一个国家、一个民族、一个政党，领导核心至关重要。

2016年金秋，党的十八届六中全会明确了习近平总书记在全党的核心地位，这是全党的共同意志，是全党全军全国各族人民的共同心愿，为进一步加强党的集中统一领导奠定了坚实的政治基础。

强基固本　筑牢根基

"大湾村一户不脱贫，我就不撤岗！"安徽省金寨县大湾村第一书记余静向全村百姓作出承诺。两年间，余静扎根大山，带领当地百姓脱贫攻坚，使大湾村的精准脱贫工作取得明显成效。

老百姓们连连感慨：脱贫路上，党组织是我们的"主心骨"，第一书记是我们的"领头雁"，带着我们过上好日子了！

2013年至2016年4年间，5564万中国人摆脱了贫困，相当于一个欧洲大国的人口总数，中国的脱贫攻坚成就举世瞩目。

"火车跑得快，全靠车头带。"由中央选派的19.5万名优秀干部来到农村，以"第一书记"身份，成了脱贫攻坚一线的"领头雁"，并在建强基层党组织、提升治理水平等方面发挥重要作用，使党的凝聚力战斗力在基层显著提升。

求木之长者，必固其根本。

党的十八大以来，全面加强党的建设向基层延伸，基层党组织在各地各行业作用显著增强，党的旗帜在基层阵地高高飘扬。

——理想信念更加坚定。从2013年起，接续开展党的群众路线教育实践活动、"三严三实"专题教育、"两学一做"学习教育并将学习教育常态化制度化，教育引导广大党员干部补足精神之"钙"，筑牢信仰之"基"，党员思想认识大大增强，党性修养的自觉性大大提高。

——战斗堡垒更加坚固。分类抓、统筹管，各领域基层党组织建设整体提升。在城市，强化街道社区党组织领导核心地位，推进街道社区党建、单位党建、行业党建和各领域党建互联互动；在国有企业，把党建工作要求写入公司章程，把党的领导融入公司治理；对高校，出台坚持和完善高校党委领导下的校长负责制的实施意见等文件，把党的领导贯穿办学治校全过程；以园区为龙头，加强非公有制企业党建工作，强化社会组织中党组织的政治核心作用，对软弱涣散基层党组织进行持续整顿。

——制度笼子越扎越牢。治国有常，治党重纲。5年来，中央共出台或修订近80部党内法规，超过现有党内法规的40%，使从严治党、从严治吏越来越有规可循、有据可依。

——党员先锋作用充分发挥。在扶贫攻坚的第一线、在改革发展的主战场、在抗洪抢险最前沿，到处活跃着广大党员无私奉献、实干担当的身影，廖俊波、黄大年、谢樵等一批先进模范，为广大党员干部树立榜样，为社会传递正能量。

如今，450多万个党组织正在成为450多万个战斗堡垒，8900多万名党员正在成为8900多万名干事创业的先进模范，密切着党同人民群众的血肉联系，汇聚成不可阻挡的磅礴力量。

自我革命　焕发活力

党的十八大以来，党中央把加强和规范党内政治生活作为重要抓手，通过理论武装凝心聚魂，通过整饬作风激浊扬清，通过严明纪律强化约束，通过"打虎""拍蝇""猎狐"惩治腐败，以刀刃内向、自我革命的决心勇气，有效解决了党内存在的突出问题，使党的凝聚力、战斗力和领导力、号召力大大加强，党风政风焕然一新。

党的十八届六中全会审议通过了《关于新形势下党内政治生活的若干准则》《中国共产党党内监督条例》，这是党中央着眼全面从严治党、坚持思想建党和制度治党相结合的重要安排。

打铁还需自身硬。全面从严治党，让党永葆政治本色，永葆生机活力，锻造出更加坚强有力的领导力量。

——用整饬作风激浊扬清。截至2017年6月底，全国累计查处违反中央八项规定精神问题17万多起，处分13万多人。时至今日，"八项规定"从一个新名词，变得家喻户晓，深入人心。

——打虎拍蝇持续高压。共立案审查中管干部200余人，纪律处分领导干部100多万人，追回外逃人员近3000人，始终保持惩治腐败高压态势，使不敢腐的目标初步实现，反腐败斗争压倒性态势已经形成。

——从严治吏匡正用人导向。近年来，修订《党政领导干部选拔任用工作条例》和《干部教育培训工作条例》、印发《关于防止干部"带病提拔"的意见》、修订印发《党委(党组)讨论决定干部任免事项守则》……逐步推动形成良好的用人导向和制度环境。

国家统计局调查显示，人民群众对党风廉政建设和反腐败工作的满意度从2013年的81%增长到2016年的92.9%。党兑现了"打铁还需自身硬"的庄严承诺，赢得了党心民心。

全面从严治党的生动实践，进一步强化了党的领导核心作用，使之成为各项事业的根本保障。进入中国特色社会主义新的发展阶段，在以习近平同志为核心的党中央坚强领导下，中国号巨轮正承载着中国人民伟大梦想破浪前进，胜利驶向光辉的彼岸。

（新华社北京2017年8月6日）

担负起新时代中国共产党的历史使命

——从党的十九大看伟大斗争伟大工程伟大事业伟大梦想

没有一种担当,比肩负民族的前途命运更为伟大。

没有一项使命,比实现人民的共同梦想更为崇高。

从站起来、富起来到强起来,历经磨难自强不息的中国人民,距离实现民族复兴的宏伟目标从未如此之近。

从伟大事业铸就,在伟大斗争中激荡,以伟大工程为支撑,向伟大梦想进发,在习近平新时代中国特色社会主义思想指引下,中国号巨轮破浪前进,在新征程上谱写新的伟大篇章。

无比神圣的使命:承载着近代以来最伟大的梦想,中国共产党引领亿万人民奋进在伟大复兴的新航程

2017年10月18日上午,北京,人民大会堂。

习近平同志深沉浑厚的声音,响彻在出席十九大的党代表耳畔,共鸣在亿万中华儿女的心间——

"实现中华民族伟大复兴是近代以来中华民族最伟大的梦想。"

是回望,亦是宣示,一如5年前在参观《复兴之路》展览时阐释"中国梦"那般深情而坚毅。

是追寻，亦是担当，中国共产党人的历史使命，坚定地写在自己的征程上。

"伟大复兴中国梦是中国共产党与生俱来所肩负的庄严使命。"十九大代表、中央党史研究室主任曲青山说，从将"中国特色社会主义伟大事业"同"党的建设新的伟大工程"并列，到明确"具有许多新的历史特点的伟大斗争"，再到鲜明提出"伟大梦想"，与"伟大斗争""伟大工程""伟大事业"联成一个紧密联系、相互贯通、相互作用的有机整体。

历史总是给人以鲜明的昭示。

穿越革命岁月的浩荡洪流，历经建设年代的火热浪潮，自成立之日起，中国共产党始终以争取民族独立和人民解放、实现国家富强和人民幸福为己任，带领人民展开气壮山河的伟大斗争。

激荡改革开放的时代风云，破除阻碍发展的一切障碍，中国共产党始终解放思想、实事求是、与时俱进、求真务实，带领人民开创中国特色社会主义伟大事业，使中国大踏步赶上人类文明发展的潮流。

十九大召开前夕，美国探索频道出品的电视纪录片《中国：习近平时代》完成首播，覆盖37个国家和地区的逾2亿收视户。

从精准扶贫、高铁建设，到供给侧结构性改革、科技创新、环境治理，再到"一带一路"建设、中欧班列……一个个生动的故事，恰如一个个缩影，折射着共产党领导下的中国过去5年所取得的历史性成就。

"过去5年，习近平的政策视野充分体现了继承与创新，已经成为中国历史新的里程碑。"该片监制、探索亚太电视网副总裁魏克然坦言，历史的视角让他们意识到，"中国正进入一个新阶段"。

没有人比中国共产党人更了解中国。

对于自身发展所处的历史方位，十九大报告作出的重大判断更为明晰而深刻——"经过长期努力，中国特色社会主义进入了新时代。"

"进入新时代，要明确宣示举什么旗、走什么路、以什么样的精神状态、担负什么样的历史使命、实现什么样的奋斗目标，'四个伟大'正是对这一时代命题的总体回答。"中央党校教授辛鸣说，进行伟大斗争、建设伟大工程、推进伟大事业，就是为了实现伟大梦想。

决胜全面建成小康社会、进而全面建设社会主义现代化强国；不断创造美好生活、逐步实现全体人民共同富裕；日益走近世界舞台中央、不断为人类作出更大贡献……崭新航程正在开启。

聚焦精准脱贫，凸显发展之迫切；防治污染顽疾，折射转型之艰难；防范化解重大风险，需要协同共治能力；实现"打铁必须自身硬"，考验自我革新能力……击楫中流更须奋进。

新加坡国立大学东亚研究所所长郑永年说，中国共产党不仅是一个执政党，更是一个使命党。

贵州平塘，群山环抱。

就在这里，有"天眼"之称的500米口径球面射电望远镜已经落成，标志着中国科技实现重大原创突破。

离此处仅7公里的罗甸县麻怀村，一条人工挖通的隧道穿越山岭。历时十几年，正是十九大代表、被称为"女愚公"的麻怀村党支部书记邓迎香，带着村民一锤一镐凿开岩石，将麻怀村与山外世界连通，打开了脱贫致富的新希望。

"习近平同志在十九大报告中，要求坚决打赢脱贫攻坚战。我相信，只要撸起袖子加油干，一代接着一代干，一定可以创造更多的奇迹。"邓迎香代表说，不忘初心，牢记使命，这就是我们共产党人的誓言。

无比勇毅的担当：在波澜壮阔的伟大斗争中，中国共产党领导新时代中国特色社会主义伟大事业砥砺前行

十九大召开之际，俄新社播发了一篇政治观察文章。文章称，中共十九大的进程和结果受到全世界的关注。

文章的背后，意味深长——

再过十几天，便是十月革命100周年纪念日。世纪回眸，为中国送来马克思主义的那一声炮响，在这个曾经积贫积弱的东方古国已化为震撼世界的中国奇迹，科学社会主义迸发出前所未有的蓬勃生机和强大活力。

北京，西直门。

装扮一新的北京展览馆里，"砥砺奋进的五年"大型成就展正在举行。大会期间，十九大代表陆续前来参观。

"能作为首批潜航员驾驶我国自主研制的首台大型载人潜水器'蛟龙号'，在创造了世界纪录的深度进行科考，我感到骄傲和自豪……"站在"蛟龙号"载人潜水器模型前，十九大代表唐嘉陵说。

海阔天空，梦想激发穿越时空的力量。

从新民主主义革命，到社会主义革命，再到改革开放新的伟大革命……一路筚路蓝缕，栉风沐雨。

"纵览中国共产党的历史，就是一部向着民族伟大复兴梦想勇于担当、不懈奋斗的伟大斗争史。"曲青山代表说，中国发生历史性巨变的根本原因，就是坚持中国共产党的领导，坚持和发展中国特色社会主义。

看似寻常最奇崛，成如容易却艰辛。

"实现伟大梦想，必须进行伟大斗争。"习近平同志的明确要求，

展现出中国共产党人清醒的认识和深邃的洞察。

广西百色,中国革命史上的光荣之地。

如今,一场脱贫攻坚的决战正在这里打响——通过多管齐下的扶贫富民举措,预计今年将实现17.5万人脱贫,215个贫困村"出列"。当地扶贫干部曾广明说,我们都有一股子决心,村子不脱贫绝不收兵。

"进行伟大斗争,是中国共产党在长期斗争中成长历练出的气质、品格,融入了党的血液和基因。"十九大代表、广西百色市委书记彭晓春说,决胜全面建成小康社会,夺取新时代中国特色社会主义伟大胜利,就必须发扬斗争精神、提高斗争本领。

再高峻的山岭,也阻挡不了中国共产党人铿锵前行的意志;再遥远的彼岸,也动摇不了中国共产党人虽远必达的信念。

天宫、悟空、墨子、大飞机……十九大报告中一一点出的这些"名字",成为代表们热议的高频词。

中国特色社会主义和中国梦深入人心;一大批惠民举措落地实施,人民获得感显著增强;生态环境治理明显加强,环境状况得到改善……十九大报告中列出的这些成绩单,得到代表们广泛认同。

"我们从未像今天这样充满自信。"北京交通大学马克思主义学院院长韩振峰指出,中国特色社会主义是改革开放以来党的全部理论和实践的主题,是党和人民历尽千辛万苦、付出巨大代价取得的根本成就。在实现伟大梦想的征程上,必须坚持中国特色社会主义道路自信、理论自信、制度自信、文化自信,以永不懈怠的精神状态和一往无前的奋斗姿态,向着宏伟目标奋勇前进。

十九大的会场上,人们又见到了焦若愚。这位已经102岁的老人,是全体代表中最年长的一位。

"我1936年入党，党龄81年，入党后赶上全面抗战，现在是决胜全面建成小康。不管是什么时候，党都是时代进步和伟大斗争的领导者。"焦若愚说，进入新时代，中国共产党将继续担负使命，将中国特色社会主义事业推向前进。

无比坚强的引领：在永不停滞的圆梦征程中建设伟大工程，中国共产党团结带领中国人民不断走向新的胜利

10月19日上午，十九大新闻中心举行的首场记者招待会，聚焦全面从严治党。

"中国共产党从不讳疾忌医，从不回避自身存在的问题""五年间共立案审查省军级以上党员干部及其他中管干部440人……"面对中外记者，中央纪委副书记杨晓渡和中央组织部副部长齐玉介绍5年来中国共产党自身建设有关情况。

几公里外的人民大会堂东大厅，"党代表通道"同样媒体云集。

"天翻地覆慨而慷。"面对如何评价5年来全面从严治党成效的提问，十九大代表、著名作家凌解放（二月河）如此评价。

自信的话语，折射出一个马克思主义政党浴火重塑后的崭新面貌。

"伟大斗争，伟大工程，伟大事业，伟大梦想，紧密联系、相互贯通、相互作用，其中起决定性作用的是党的建设新的伟大工程。"习近平同志在十九大报告中深刻指出。

"中国发展之谜的答案，就是中国共产党。"看到人民大会堂里参会代表昂扬的精神状态，看到国家博物馆内民众接受采访时自然流露的自豪之情，玻利维亚《变革报》主编阿亚拉赞叹，"任何国家的发展都需要一个强有力的执政党领导，中国共产党展现了强大的领导力。"

中国特色社会主义进入新时代，民族复兴的逐梦之旅开启新征程。

伟大梦想不可能一蹴而就，中华民族伟大复兴绝不是轻轻松松、敲锣打鼓就能实现的。新时代的历史使命，对加强党的建设提出新的更高要求。

"坚持党的领导，必然要求加强党的建设；加强党的建设，必然要求全面从严治党。"十九大代表、中央纪委秘书长杨晓超说。

坚持和加强党的全面领导，坚持党要管党、全面从严治党，以加强党的长期执政能力建设、先进性和纯洁性建设为主线，以党的政治建设为统领，以坚定理想信念宗旨为根基，以调动全党积极性、主动性、创造性为着力点……

"从总要求到核心根本，从主线到统领，从根基到着力点，习近平同志在十九大报告中对推进党的建设新的伟大工程进行了全面系统部署。这是马克思主义党建理论的一次重大飞跃，为新时代党的建设新的伟大工程注入了全新活力。"辛鸣说。

崭新格局中，党的政治建设被摆在首位。

"作为马克思主义政党，讲政治是最根本的要求。突出加强政治建设，核心就是要保证全党服从中央，坚持党中央权威和集中统一领导，以更加严明的政治纪律和政治规矩，保证全党团结统一、步调一致，锻造出更加坚强的领导力量。"曲青山代表说。

圆梦征程上，每一个共产党员都是一面旗帜。

"平时能看出来，困难时能站出来，危机时能豁出去，这就是共产党员。"作为中国航天科技集团公司的一名科研工作者，徐立平一直从事航天动力燃料微整形工作。血与火的淬炼、生与死的考验让他坚信，"党有力量，国家就有力量，人民就有力量，我们的发展道路才会越来越宽广。"

新的起点上,伟大斗争仍在进行,伟大事业正在推进,伟大梦想有待实现,中国共产党人肩负神圣的使命,更加需要推进党的建设新的伟大工程。

不忘初心,方得始终。

今天,新时代的中国共产党人,再次发出划破时空的宣言——

"为中国人民谋幸福,为中华民族谋复兴!"

(新华社北京 2017 年 10 月 23 日)

> 深度解读

不忘初心,担当职责使命
——新的伟大工程之思想建设篇

崇高的理想,坚定的信念,是中国共产党人的政治灵魂。

不忘初心,不改本色。党的十八大以来,以习近平同志为核心的党中央身体力行、率先垂范,以思想政治建设为引领,深入推进全面从严治党,通过开展一系列扎实有效的党内学习教育和思想政治建设,带领全体党员干部坚定理想信念,补足精神之"钙",锤炼党性修养,拧紧思想上的"总开关",更好地担当时代赋予的职责使命。

坚定理想信念,筑牢思想根基

沈阳南站客运车间党支部在"七一"临近之时,召开了一次别开生面的主题党日活动,他们基于自制的十二期微党课"党员朗读者"开播3个月以来的良好收效,用诵读红色经典的方式来教育引导党员铭记身份、寻迹初心。

参与活动的王刚说:"每名参与的党员都感受到了红色教育的力量,都触及了灵魂深处。"

心中有信仰,脚下才有力量。

党的十八大以来,以习近平同志为核心的党中央始终用"革命理想高于天"的信仰铸魂,始终以强基固本、正本清源的标准治心,带领全党在思想、作风、党性上持续进行"补钙""加油"。

自2013年以来,中央先后开展了党的群众路线教育实践活动、"三严三实"专题教育、"两学一做"学习教育,党内学习教育和思想政治建设环环相扣、层层深入,广大党员锤炼了党性修养,拧紧了思想政治上的"总开关",筑牢了拒腐防变的思想防线。

加强理论武装,筑牢思想之基。深入开展习近平总书记系列重要讲话精神教育培训,中央组织部会同中央党校连续举办7期专题研讨班,将省部级干部轮训一遍。各地区各部门利用集中轮训、专题培训、中心组学习等方式,组织广大党员读原著、学原文、悟原理,把学习不断引向深入。

"建立党员活动日制度、开展互动式情景式党课""利用午休、班前班后开展'微党课'""利用'两微一端'组织流动党员网上学习、异地学习"……通过种种创新方法和形式,各地学习教育开展得有声有色。

锤炼道德品行,引领党风政风。在浙江丽水市松阳县政府的网站上,当地35名县处级领导干部晒出家规,并作出承诺。"晒家风是一种鞭策。"松阳县委书记王峻认为,将家规家训作为一个家庭对社会作出的道德承诺,引导党员干部把家规家训亮出来,自觉接受监督,带头树好家风。

"抓好思想理论建设这个根本、党性教育这个核心、道德建设这个基础,才能解决好广大党员干部世界观、人生观、价值观这个'总开关'问题,引导党员干部筑牢信仰之基、补足精神之钙,从而扎实推进全面从严治党。"江西省社科院哲学所所长黎康说。

深入推进，思想政治建设驰而不息

思想是本，行动是形，本正则形立。

2013年下半年开始，自上而下分两批在全党深入开展党的群众路线教育实践活动，让党员干部受到一次深刻的思想洗礼和严格的党性锻炼。

全国各地各部门积极动员部署，采取多种形式，组织党员干部进行学习和教育，查摆在"四风"上的问题和"短板"，立行立改、上下联动，以钉钉子精神正风肃纪。活动历时一年多，给"四风"问题来了个大排查、大检修、大扫除，不少干部更从活动中认识到，党员干部只有接地气才有底气，只有靠真心才能赢得民心。

严不严，广大群众说了算；实不实，解决实际困难是关键。

在"三严三实"专题教育中，各级党政领导干部自觉对照"三严三实"要求，从本地区本单位的实际情况出发，从群众普遍反映的问题着手，真抓实干，党的思想建设、作风建设呈现出一派新风新貌。

既抓思想引导又抓行为规范，聚焦不严不实问题，持续改"四风"转作风：200多个中央单位和省区市列出"为官不为"具体表现，开展专项整治；80多个中央有关单位和省区市制定干部能上能下、领导干部提醒函询诫勉实施办法。

党员干部普遍反映，经过"三严三实"专题教育的"淬炼"，党的意识、纪律意识、规矩意识得到进一步增强，领导干部的标杆作用更加明显。

"两学一做"贵在真"学"，重在实"做"。

"青年公务员的继续学习该如何规划？"网民"风且住"在"吉林青年之声"客户端上提问后，引来近百条留言讨论。一年多来，共青团吉林省委积极搭建"吉林青年之声"等一批新媒体阵地，打造多种学习教育平台，在全省青年党员和入党积极分子中开展"两学一做"主题教育实践。

各地还坚持把"做"落脚到解决问题、岗位奉献上，从基础工作抓起，从基本制度严起，把全面从严治党落实到每个支部、每名党员。

面对日渐突出的城市交通拥堵问题，长沙交警支队开福大队党支部致力于"党建促交管"，创新交通管理理念，想方设法为辖区群众提供安全畅通的出行环境；在探索"两学一做"常态化方面，北京西城区提出，在"做"上深化拓展，坚持学做互进、知行合一，从具体问题改起，从具体事情做起；云南昭通则通过实施"乌蒙扶贫先锋行动"，力促党建扶贫"双推进"。

政贵有恒，治须有常。当前，各地区各部门正落实推进"两学一做"学习教育常态化制度化各项举措，切实履行主体责任，抓常抓细抓长，让常态化制度化的学习教育成为强基固本、锤炼党性、抓好党建的有力支撑。

不忘初心，牢记人民重托

思想转变是作风转变的先导，作风转变能透视思想转变。

中央纪委监察部网站5月23日的数据显示，4月份，全国查处违反中央八项规定精神问题3514起，处理5023人，给予党政纪处分3476人。

五年间，随机选取一个节点，梳理被曝光违反中央八项规定精神的典型案例，可以发现，曝光力度并未随着时间的推移而减弱，从"公款吃喝""公款旅游"到"庸懒散""违反工作纪律"……一个问题接着一个问题查，显示了持之以恒抓作风建设的决心。

直抵灵魂的思想建设，不仅让党员干部感受到了切实变化，也进一步提高了在老百姓心中的形象。

在江西萍乡市上栗县东源乡小枧村，61岁的村民晏思萍很多年没有和干部同坐过一条板凳。"和乡干部同点一盏灯，同坐一张桌的情况，还是几十年前在生产队的时候才有过，但是现在搞'两学一做'，乡镇干部来得越来越勤快，帮大家解决了很多问题。"

坚定的理想追求因融入党和人民的事业而更加坚定，也因融入党和人民的事业而更加神圣。在这个过程中，广大党员干部立足岗位，固本培元、铸魂补钙，涌现出一批先进的典型，奏响了"一个支部就是一个堡垒，一个党员就是一面旗帜"的凯歌。

连日来，"全国优秀县委书记"廖俊波的事迹传遍神州大地，他心系群众、为民造福的公仆情怀令人动容。他担当尽责、忘我工作的敬业精神，交出了无愧于时代和历史的成绩单。廖俊波去世后，与廖俊波素未谋面的政和县铁山镇大红村村民何荣梁，送来了一副题为"悼廖公"的挽联：主政政和四年间，施展才华天地新，光荣梦想不空谈，俊波书记美名扬。

一个好干部在人民心中的分量，烙印人心。

坚守共产党人的精神家园，不忘初心，已成8800多万共产党员的自觉行动。拧紧思想"总开关"，保持党的优良传统，是党的精神力量所在，是党赢得人民群众信任的根本。

（新华社北京2017年6月25日）

固本强基,锻造先锋队伍
——新的伟大工程之组织建设篇

党的基层组织是党的全部工作和战斗力的基础;党员是党的肌体的细胞和党的活动的主体。

治国安邦,重在基层。党的十八大以来,随着党的建设新的伟大工程深入推进,全国400多万个基层党组织共筑坚强战斗堡垒,8000多万名党员争当先锋模范,党员干部队伍焕发生机,党的执政根基进一步夯实,为改革发展稳定提供了坚强组织保证。

强基础　筑牢坚实战斗堡垒

"现在,我每月都到党支部学习,还能参与了解村里的大事,又找回了'家'的感觉,"湖北咸宁咸安区张公庙村党员杨盛和感慨地说。

从2015年11月起,湖北咸宁6000多个基层党组织每月固定时间开展主题党日活动。杨盛和坦言,主题党日活动充实了党员们的精神文化生活,唤醒了不少党员的入党初心。

根深则叶茂,本固则枝荣。加强党的基层组织建设,根本的是使每个基层党组织都成为坚强战斗堡垒。

党的十八大以来,党中央把严肃党内政治生活、净化党内政治生态摆在更加突出的位置。各级党组织注重发挥党支部主体作用和基本功能,以"三会一课"、民主生活会等党的组织生活为基本形式,在融入经常、融入日常上下功夫,吹响了党员"集结号"。

坚定"四个自信",增强"四个意识",坚决维护党中央权威,严守党的政治纪律和政治规矩……从农村到城市,从机关、社区到非公企业、社会组织,"三会一课"变经常了,党性锻炼的熔炉热起来了,党员讲政治的弦绷得更紧了。

民心是最大的政治。对于基层党组织来说,政治功能是基层党组织的魂,服务功能是基层党组织的根。强化政治功能、提升服务功能,二者不可偏废。

打造"民情流水线",推行"组团式服务",开展在职党员到社区报到为群众服务……五年来,各地推动基层党组织和党员干部联系群众、服务群众,积极为群众办实事、做好事、解难事,群众的获得感和对党组织的信任度不断提升。

五年间,针对基层党组织存在的薄弱环节,各地各部门分类指导、分类推进,基层党建在各个领域不断进步。

软弱涣散基层党组织得到持续整顿。各地普遍按照村不低于10%、社区不低于5%的比例,持续倒排整顿软弱涣散基层党组织,7.7万个村、社区党组织重新焕发活力。

非公有制经济组织和社会组织党组织覆盖率得到提高。截至2016年底,非公有制企业、社会组织党组织覆盖率分别达到67.9%和58.9%,比2012年分别提高13.6和23.9个百分点。

一个支部一个支部提升,一个阵地一个阵地巩固。如今,400多万个基层党组织形成千帆竞发之势,整体水平得到提升,基层基础进一步夯实,党的旗帜在基层阵地高高飘扬。

严管理　切实增强党的先进性和纯洁性

"由于企业没有党组织，我当了多年的'隐形党员'，现在终于回到了组织怀抱。"在位于四川新都的成都家具产业园，179名像千树家具有限公司尹显平这样游离于党组织之外的党员，在"组织找党员、党员找组织"的活动中亮明了党员身份。

这是全国各地加强党员队伍建设，让"隐形党员"现身、让"口袋党员"回家的一个缩影。党的十八大以来，随着党员队伍稳步壮大，各级党组织以严格党的组织生活制度为抓手，把每名党员纳入党组织有效管理之中。

全国范围开展党员组织关系集中排查，进一步摸清了流动党员、"口袋党员"底数，对与党组织失去联系的党员进行规范管理和组织处置，90%的失联党员重新回归组织怀抱。

中国共产党有8000多万党员，相当于一个中等国家人口的数量。教育好、管理好、服务好这样一支庞大的队伍，殊为不易。

严字当头，动真碰硬。五年来，各级党组织坚持从严抓好党员队伍建设，切实做到入口严、教育严、管理严、处置严，进一步激发保持党员先进性的内在动力。

严把"入口关"。各级党组织坚持把政治标准放在首位，提高新发展党员质量。2013至2016年，全国党员数量年均增长控制在适当速度，党员队伍保持适度规模，党的肌体更加精干强健。

铸牢"思想魂"。2014年，党中央制定实施《2014—2018年全国党员教育培训工作规划》，拉开新一轮全国党员教育培训大幕。以党的群众路线教育实践活动、"三严三实"专题教育、"两学一做"学习教育作为落实规划的重要承托，用习近平总书记系列重要讲话和治国理政新理念新思想新战略武装党员头脑，全国共培训党员7.6亿人次，广大党员每年普遍受到1次以上严肃认真的思想政治教育。

处置"不留情"。各级党组织严格处置不合格党员，明确不合格党员的认定标准、处置程序和政策界限，突破疏通党员队伍"出口"这一瓶颈，让党员队伍进一步净化。

响鼓也需重锤，严管方显厚爱。

在严明的纪律约束下，在严格的要求鞭策下，广大党员特别是党员领导干部以"四个合格"为标尺，不断强化政治意识、大局意识、核心意识、看齐意识，党员队伍的纯洁性、战斗力不断提升，先锋模范作用更加明显。

抓关键　锻造先锋模范队伍

在贫困县云南省镇雄县芒部镇，一支由驻村工作队、脱贫攻坚指挥部党员干部、镇村党员干部和群众党员代表组成的党员扶贫先锋队，常年活跃在村组间和群众家里。他们佩戴党徽，主动把党员身份亮出来，成为群众脱贫摘帽的主心骨和"领头雁"。

"党员先锋队实实在在地做事，体现了党员的价值。"芒部镇松林村党总支书记刘以权说。

火车跑得快，全靠车头带。在改革发展稳定的事业中，在脱贫攻坚的决战场，党员干部冲锋在前，真正体现了先锋队、主力军作用。

德才兼备、以德为先，五湖四海、任人唯贤……党的十八大以来，围绕培养选拔党和人民需要的好干部，各级党组织精准科学选人用人，从严管理监督干部，激活了干部能上能下的一池春水。

把思想好、作风正、能力强的干部派下去——紧紧围绕实现农村全面小康和打赢脱贫攻坚战，选优配强基层党组织书记，根据贫困村的实际需求精准选配"第一书记"，打通联系服务群众"最后一公里"。目前，全国已选派"第一书记"超过 19 万名，实现了党组织软弱涣散村和建档立卡贫困村全覆盖。

把忠诚、干净、担当的干部选上来——全面实施《党政领导干部选拔任用工作条例》，努力破解"唯票、唯分、唯 GDP、唯年龄"选人问题；制定实施《关于加强和改进优秀年轻干部培养选拔工作的意见》，大力培养选拔优秀年轻干部……正确的用人导向，优化了干部年龄结构，稳定了干部成长预期，充分调动了干部队伍的积极性主动性创造性。

把庸、劣干部清出去——针对基层干部不作为乱作为等损害群众利益问题，全面排查、专项整治，遏制"庸懒散""蛮横硬"等不良风气。严肃查处违反规定程序用人、跑官要官和说情打招呼、"带病提拔"等问题，处理有关责任人员 792 人。落实"裸官"任职岗位管理办法，清理副处级以上"裸官"3961 人，岗位调整 1061 人。

大浪淘沙，百炼成金。如今，400 多万个党组织正在成为攻坚克难的战斗堡垒，8000 多万名党员努力争当干事创业的先锋模范——

在改革发展主战场，勇挑最重的担子、敢啃最硬的骨头；在抗灾抢险最前沿，奋不顾身、甘洒热血；在深化供给侧结构性改革中，主动作为、创新实干；在民生保障最基层，扑下身子，把群众冷暖放在心上……

百舸争流，奋楫者先。在以习近平同志为核心的党中央坚强领导下，广大党组织和党员干部正在时代浪潮中勇挑重担，凝聚起人民政党不可阻挡的磅礴力量，引领中华民族在伟大复兴之路上阔步前行。

（新华社北京 2017 年 6 月 26 日）

涵养正气,凝聚党心民心
——新的伟大工程之作风建设篇

推进党的建设新的伟大工程,作风建设是"先手棋",一子落,满盘活。

从着力解决人民群众反映强烈的"四风"问题,到进一步锤炼党性、砥砺意志……党的十八大以来,以习近平同志为核心的党中央围绕作风建设打出"组合拳",密切了党同人民群众的血肉联系,振奋了全体党员干部脚踏实地、干事创业的精气神,为我们党更好肩负起历史使命提供了坚强有力的作风保证。

层层深入:一级带着一级干,把作风建设推向前进

四年多来,"八项规定"从一个新名词,变得家喻户晓,深入人心。

以习近平同志为核心的党中央以身作则,率先垂范,严格执行八项规定,形成巨大的"头雁效应"。各地区各部门迅速行动起来,向党中央看齐,以"钉钉子"的劲头,严格执行中央八项规定精神不放松。

中国共产党对于作风建设的高度重视,一以贯之。

回望96年的挫折与奋起、苦难与辉煌,我们党由弱到强、由胜利走向胜利,历史与实践反复证明,党的作风关系党的形象,关系人心向背,关系党的生死存亡。

"工作作风上的问题绝对不是小事,如果不坚决纠正不良风气,任

其发展下去，就会像一座无形的墙把我们党和人民群众隔开，我们党就会失去根基、失去血脉、失去力量。"在十八届中央纪委二次全会上，习近平总书记明确强调，八项规定既不是最高标准，更不是最终目的，只是我们改进作风的第一步，是我们作为共产党人应该做到的基本要求。

一步迈出，一路向前。一级带着一级干，一级做给一级看——

党的群众路线教育实践活动认真贯彻"照镜子、正衣冠、洗洗澡、治治病"总要求，以实实在在的成效向全国人民交上一本反"四风"的明白账。

"三严三实"专题教育对县处级以上领导干部在思想、作风、党性上进行了又一次集中"补钙"和"加油"，绷紧了政治纪律和政治规矩这根弦。

"两学一做"学习教育是面向全体党员深化党内教育的一次重要实践，各地各部门组织党员通过真学深学，坚定理想信念，保持对党忠诚，树立清风正气，勇于担当作为。

一次次学习教育，一次次思想升华，一次次灵魂洗礼。

四年多来，作风建设在坚持中深化，在深化中坚持。每一位党员以扎实行动践行理论联系实际、密切联系群众、批评与自我批评的优良作风，以优异成绩为党旗增辉添彩。

在深圳市宝安区新安街道兴东社区，"党员帮你亭"被许多老百姓当作"应急站"。报刊亭大小的亭子间仿佛一个"百宝箱"，从雨伞、风油精、手机充电、电动车充电到医药急救，一应俱全。

许多党员干部积极加入其中，从身边小事做起，让联系群众、服务群众常态化。市民孙先生说："我来兴东社区十多年了，这里有不少工业园区，外地人特别多，遇到什么问题去'党员帮你亭'寻求帮助，十分方便。"

小小的"党员帮你亭",拉近了党员干部与人民群众之间的距离,让人民群众更加真切地感受到,无论时代如何变迁,全心全意为人民服务是中国共产党始终不渝的初心。

常抓不懈:一扣接着一扣拧,用管用的制度实现作风建设常态化

在四川省,手机 APP、微信、微博、网站等监督形式已覆盖 183 个县(市、区),形成"指尖上的监督平台"。

四川省纪委相关负责人说,各级纪检监察机关通过"指尖上的监督平台",引导群众借助网络、微博、微信等,实现对顶风违纪者的实时监督,使广大基层群众成为纪检监察机关的"眼睛",盯牢侵害群众利益的不正之风和腐败问题。

运用"互联网+监督"思维,监督执纪者与群众之间实现"零距离"沟通。创新监督执纪方式方法,坚持严查快处、露头就打的做法,释放越往后执纪越严格的强烈信号。

作风建设,作于细,成于严。

从司空见惯的"小节"改起,从见怪不怪的"小事"抓起,从群众反映强烈的问题做起……中央纪委监察部网站公布的统计数据显示,自 2012 年 12 月中央八项规定实施至 2017 年 4 月底,全国累计查处违反中央八项规定精神问题 16 万多起,处分 11 万多人。

四年多来,不断更新的数据,见证了"踏石留印、抓铁有痕"的成效与决心。处分人数同比增幅从 200% 下降到 40%、再到 20%……查处成效逐渐显现,"不敢、知止"的氛围持续巩固。

监督执纪越来越严的同时，我们党推进作风建设的成功经验也及时转化为制度成果。

《党政机关厉行节约反对浪费条例》《中央和国家机关公务用车制度改革方案》等相继出台，作风建设有章可循；《中国共产党廉洁自律准则》《中国共产党纪律处分条例》等强化了对不良作风的刚性约束……一系列制度规定陆续出台，在"长""常"二字上下功夫，让党员干部按规矩办事用权的意识逐步增强。

严而生畏，是约束，更是保护。越来越多的党员干部深刻认识到，只有常念纪律"紧箍咒"，才能保证远离"带电高压线"，推动管党治党真正严到底、严到位、严到要害处。

激浊扬清：一浪推着一浪行，引领良好社风民风

在享有"中国海带之乡"美誉的福建省连江县筱埕镇官坞村，从村支书岗位上退下来的林哲龙把村里的变化发展看在眼里。

"干部作风什么样，发展最能看门道。"林哲龙说，如果一个村子党员干部作风不好，没有精气神，全村就没有干事创业的好氛围。"现在老百姓都说，村里找到了全面小康的金钥匙！"

打出作风建设"组合拳"，让党员干部作风为之一振，党风政风持续好转。

"业余生活，由'酒桌'换到了'书桌'，服务群众的精力也多了""心气儿顺了，劲儿就足了""现在当官就要有担当精神，干得好就上，干不好就下，谁投机取巧、送礼跑官，谁就会触红线"……摆脱了繁文缛节、迎来送往的烦恼，越来越多人把精力和时间用在干事创业上。党员干部普遍感到党内上下级关系、人际关系日益正常化。

党员干部的良好作风，是应对挑战、攻坚克难的坚实保障——

四年多来，无论是啃供给侧结构性改革的"硬骨头"，还是打精准脱贫的攻坚战，无论是推进简政放权，还是为基层群众排忧解难，广大党员干部昂扬起了勇于担当、敢于作为的精气神，各项事业发展充满活力和动力。

党风政风的持续好转，引领社风民风随之改善——

粽子、月饼、大闸蟹这些一度被"天价"异化的食品，重新成为老百姓庆祝佳节的应景美味；寓意亲人团聚、祈盼美满的传统节日，找回应有的文化底蕴；"光盘行动"成为一种行动自觉，餐饮经营者摒弃过去盲目追求"高大上"的弊病，实实在在做起百姓生意。

清风扑面而来，变化有目共睹。

国家统计局开展的全国党风廉政建设民意调查显示，党的十八大召开前，人民群众对党风廉政建设和反腐败工作的满意度是75%，2013年是81%，2014年是88.4%，2015年是91.5%，2016年达到92.9%。数据的逐年走高充分表明，党中央坚定不移推进全面从严治党，顺党心、合民意，凝聚起党心民心，夯实了党的执政基础。

风气正则民心顺，民心顺则事业兴。在以习近平同志为核心的党中央坚强领导下，毫不松懈推进全面从严治党，持之以恒加强作风建设，我们党就会变得更加坚强有力，担当起引领中华民族伟大复兴的历史重任。

（新华社北京2017年6月27日）

正风肃纪，净化政治生态

——新的伟大工程之反腐倡廉建设篇

清正廉洁，是中国共产党人的政治本色；崇廉拒腐，是中国共产党人的政治定力。

党廉则政清，政清则国兴。党的十八大以来，以习近平同志为核心的党中央在党风廉政建设和反腐败斗争中重拳出击，坚持有腐必反、有贪必肃，始终保持惩治腐败高压态势，使不敢腐的目标初步实现，不能腐、不想腐的堤坝正在构筑，逐渐形成标本兼治的反腐倡廉制度体系。

严字当头　重拳打虎拍蝇

这是一个成立96周年拥有8800多万党员的大党。然而，千里之堤，毁于蚁穴。任何执政党最怕的莫过于腐败蛀体、人亡政息。

"我们要以顽强的意志品质，坚持零容忍的态度不变，做到有案必查、有腐必惩，让腐败分子在党内没有任何藏身之地！" 2016年7月1日，在庆祝中国共产党成立95周年大会上，习近平总书记的讲话掷地有声。

"刮骨疗毒""壮士断腕""打虎拍蝇"……过去的五年，这些反腐热词已家喻户晓。"言必行，行必果"的反腐行动带来人民真心点赞，彰显了中国共产党人反腐的决心与勇气。

——"打虎"无禁区。敢于直面高层腐败，身居要职的一些人"刑不上大夫"的幻想彻底破灭。

2012年12月6日,四川省委原副书记李春城涉嫌严重违纪接受调查,成为党的十八大以后被调查的第一个省部级干部。

而这仅仅是开始。五年里,苏荣、徐才厚、周永康、令计划、郭伯雄等一批曾被认为难以撼动的"大老虎"纷纷落马;王珉、白恩培等已离任退休的"老虎"也难逃追责。

2017年1月9日,十八届中央纪委七次全会上,公布了党的十八大以来反腐败最新成绩单:中央纪委共立案审查中管干部240人,给予纪律处分223人,全国纪检监察机关共立案116.2万件,给予纪律处分119.9万人。

——"拍蝇"不手软。反腐败高压态势不断向基层延伸,发生在群众身边、侵害群众利益的"蝇贪""蚁贪"再无苟存之所。

2017年"两会"上,最高人民检察院工作报告指出,2016年在征地拆迁、社会保障、涉农资金管理等民生领域查办"蝇贪"17410人。

在河南省新安县一民政所所长家中,办案人员发现267本存折,冒领50余万元老百姓的保命钱;在甘肃岷县职业中专,职教中心原主任常克杰等4人,套取和截留国家助学金300多万元……

相比于"大老虎",群众对近在身边的"蝇贪""蚁贪"更有切肤之痛。发生在基层的小官贪腐,损害着百姓的切身利益,啃噬着百姓的获得感,更挥霍了基层群众对党的信任。

吏不廉平,则治道衰。

党的十八大以来,以习近平同志为核心的党中央从关系党和国家生死存亡的高度,保持着高度的政治清醒和政治自觉,推进党风廉政建设和反腐败斗争不断走向深入。

2016年岁末，中央政治局会议对当前反腐败斗争形势作出了最新判断：反腐败斗争压倒性态势已经形成。

国家统计局调查显示，人民群众对党风廉政建设和反腐败工作的满意度，从2013年的81%增长到2016年的92.9%。

用数据和成效说话的反腐成绩单，兑现了党"打铁还需自身硬"的庄严承诺，赢得了党心民心。

天网追逃　腐败没有"避罪天堂"

2016年11月16日，在辗转多国逃亡13年后，"百名红通"头号嫌犯、浙江省建设厅原副厅长杨秀珠归案，成为中国反腐败国际追逃追赃进程中的标志性一页。

"能捞就捞，不行就跑""大贪逃英美，小贪逃亚非"这曾是腐败分子为自己留下的安全退路。如今，即便插翅飞往海外也难逃"恢恢天网"。

2015年4月，综合运用警务、检务、外交、金融等手段，针对外逃腐败分子的"天网行动"正式启动；发布"百名红通人员"名单，杨秀珠、李华波、乔建军、闫永明等赫然上榜。

2017年4月，中央反腐败协调小组公布了党的十八大以来国际追逃追赃成果：截至2017年3月31日，通过"天网行动"先后从90多个国家和地区追回外逃人员2873人，其中国家工作人员476人，追回赃款89.9亿元人民币。截至4月底，追回"百名红通人员"40人。

不久前，中央追逃办曝光22名外逃分子具体到街道社区的海外"藏身处"，呈现出"不怕打草惊蛇"，誓要震慑到底的魄力。

压力之下，效果显著。最新数据显示，我国外逃人数逐年大幅下降，从 2014 年的 101 人下降到 2017 年外逃仅 4 人。

2014 年 11 月，北京 APEC 峰会通过《北京反腐败宣言》；

2016 年 9 月，G20 杭州峰会通过《二十国集团反腐败追逃追赃高级原则》；

2017 年 5 月，"一带一路"国际合作高峰论坛提出让"一带一路"成为廉洁之路……

近年来，中国反腐行动展现出强大的国际影响力，成为当今世界"现象级"的政治实践。

党的十八大以来，党中央高度重视反腐败国际追逃追赃工作，将其纳入党风廉政建设和反腐败工作总体部署，"天网行动""猎狐行动""红色通缉"一项项举措力度大、步伐快、见实效。

对内"打虎拍蝇"，对外"天网追逃"。与此同时，反腐体系更加注重扎紧"制度篱笆"，防堵贪官可钻空隙，建立起防腐、追腐的立体式天网。

高悬利剑　横纵巡视监督覆盖

5 年，12 轮中央巡视，对 277 个单位党组织实现全覆盖，同时对 16 个省区市开展"回头看"，对 4 个单位进行"机动式"巡视。

从 2013 年 5 月第一轮巡视正式启动，到 2017 年 6 月最后一轮巡视反馈结束，被称为"钦差大臣""八府巡按"的中央巡视组完成了对省区市地方、中央和国家机关、国有重要骨干企业、中央金融单位和中管高校等 5 个"板块"的巡视，实现了党的历史上首次一届任期内中央巡视全覆盖。

党的十八大以来，以习近平同志为核心的党中央着眼于严峻复杂的反腐败斗争形势，把巡视工作摆在更加突出的位置。巡视制度作为党内监督的战略性制度安排，成为一把动真碰硬除贪腐的"利剑"，掀起了一场雷霆万钧的反腐风暴。

第一轮巡视时，发现有地方"由于缺乏严格有效的监督制约措施，导致工程建设、矿产开发、土地出让等领域腐败案件易发多发"；第十一轮巡视反馈"一些重点领域腐败问题突出，一些领导干部十八大后不收敛不收手"；多轮巡视指出"超标准公务接待、收受礼品""公款旅游、公款送礼"等问题。

在巡视过程中，湖南衡阳破坏选举案、辽宁拉票贿选案等一系列重大案件相继被揭露；巡视组进驻山西，揭开该省"系统性、塌方式腐败"的盖子……

中纪委统计数据显示，十八大以来，中纪委执纪审查的中管干部中，50%以上的线索来自巡视。

安徽省一位基层纪委干部认为，中央巡视反映的问题，在基层或多或少都存在。中央动真格，地方也来不得半点虚假，带动问题从上到下、从点到面得到解决。

中央巡视传导推动地方巡视深入开展，横纵监督覆盖，制度的笼子越扎越紧。截至2017年4月底，根据巡视移交问题线索，各地纪检监察机关立案厅局级干部1225人，县处级干部8684人。

"巡察组来社区了，我要去反映情况。"一大早，杭州市西湖区村口社区的居民俞立平（化名）来到社区办公点。几天前听说区里的巡察组在社区接待群众来访，老俞特意赶过去反映问题。

反腐要解决"上面九级风浪、下面纹丝不动"的问题，关键是层层传导压力，把责任落实到基层。

党的十八大以来，各地市县党委不断深化政治巡察，织密基层党内监督之网。截至今年 5 月底，共巡察党组织 14.4 万个，受理来信、来电、来访 38 万余件次，与基层党员干部个别谈话 121 万余人次，畅通基层群众直接反映问题渠道、揪出身边的腐败，巡察监督利剑作用初显成效。

南开大学周恩来政府管理学院教授徐行表示，党章规定了中央和省区市党委两级巡视制度，而在市、县两级开展巡察，延伸了巡视的触角，有效填补对县以下党组织的巡视监督空白。

从巡视到巡察，推动形成横向全覆盖、纵向全链接的工作格局，打通全面从严治党"最后一公里"，让群众感受到反腐倡廉的成果。

清心为治本，直道是身谋。净化政治生态不可能一蹴而就，五年来，反腐成果正在从量的积累走向质的转变。

如今，不敢腐的目标初步实现，不能腐的制度日益完善，不想腐的堤坝正在构筑，反腐败的高压态势仍将继续保持下去，党风廉政建设永远在路上。

（新华社北京 2017 年 6 月 28 日）

强化监督，夯实制度体系
——新的伟大工程之制度建设篇

中共中央印发《关于加强党内法规制度建设的意见》，明确提出到建党 100 周年时，形成比较完善的党内法规制度体系、高效的党内法规制度实施体系、有力的党内法规制度建设保障体系。

治国必先治党，治党务必从严，从严必依法度。

党的十八大以来，以习近平同志为核心的党中央围绕全面从严治党、依规治党的重大决策部署，大力推进党的制度建设，统筹谋划、不断创新，一张从严管党治党的制度网络越织越密。

统筹谋划、扎实推进——党的法规制度体系不断完善

完善以"1+4"为基本框架的党内法规制度体系，即在党章之下分为党的组织法规制度、党的领导法规制度、党的自身建设法规制度、党的监督保障法规制度 4 大板块。

《关于加强党内法规制度建设的意见》对加强新形势下党内法规制度建设提出明确要求、作出统筹部署。

治国有常，治党重纲。党的十八大以来，中央不断加大党内法规制度建设力度，出台或修订近 80 部党内法规，超过现有党内法规的 40%。

立柱架梁，重大制度建设成果不断推出——

2016年10月,党的十八届六中全会审议通过了《关于新形势下党内政治生活的若干准则》和《中国共产党党内监督条例》,开启了全面从严治党的新征程。

"这是着眼于推进全面从严治党、坚持思想建党和制度治党相结合的一个重大制度创新。"国家行政学院教授汪玉凯说。

2017年3月1日起,《中国共产党党组工作条例(试行)》正式施行。一年多以前,《中国共产党地方委员会工作条例》于2015年12月25日起施行。两部条例,一部是建立70多年的党组制度首次立规,一部是实施近20年的地方党委工作条例首次修订。

选贤任能,党的组织建设明晰导向——

净化政治生态,重在选人用人。

2015年7月,中央印发《推进领导干部能上能下若干规定(试行)》。2016年,江西南昌有6名县级干部因考核成绩不佳调整了工作岗位。

领导干部能上能下,动了真格。截至2016年底,全国已依规调整县处级以上干部1.7万多人,其中中管干部94人,"能者上、庸者下、劣者汰"成为鲜明导向。

为推动形成良好的用人导向和制度环境,中央近年来修订《干部教育培训工作条例》、印发《关于防止干部"带病提拔"的意见》、修订印发《党委(党组)讨论决定干部任免事项守则》……逐步形成了从严治吏、严格干部选拔任用的完整环节。

直面问题,制度建设网络越织越密——

2013年2月初,习近平总书记对"舌尖上的浪费""楼堂馆所的豪华"等多次作出重要批示要求坚决整治。9个月后,《党政机关厉行节约反对浪费条例》印发施行,成为从源头上狠刹奢侈浪费之风的综合性、基础性党内法规。

以此为引领，从预算管理、公务接待、公务用车到因公临时出国、领导干部待遇等，一系列制度框架织起了厉行节约、反对浪费的制度之笼。

大胆探索、与时俱进——管党治党体制机制不断创新

今年 3 月 17 日，浙江杭州上城区监委将一份《立案审批表》送到区委书记的案头。审批表上的涉案人员余某并非党员且级别较低，但这却是浙江省国家监察体制改革试点工作启动以来的第一例监察留置措施。

2016 年 11 月，中办印发《关于在北京市、山西省、浙江省开展国家监察体制改革试点方案》，从体制机制、制度建设上先行先试、探索实践，实现对所有行使公权力的公职人员监察全覆盖，为在全国推开积累经验。

2016 年 12 月 25 日，十二届全国人大常委会第二十五次会议表决通过相关决定，为这一重大改革提供了法治保障。

据浙江省纪委、监委相关负责人介绍，改革后，浙江省纪委、监委共设 13 个纪检监察室，执纪监督部门负责对省直单位和 11 个市的日常监督；执纪审查部门负责对违纪违法线索的初步核实和立案审查，没有固定联系地区和单位，实行一事一交办、一案一受理。

与监察体制改革相似，巡视工作探索同样是党的十八大以来大胆探索、填补空白的重大制度创新举措。

2015 年 8 月，新修订的《中国共产党巡视工作条例》颁布实施。

从首轮巡视探索"三个不固定"到第三轮巡视首次探索开展专项巡视，从第六轮巡视开始探索分类专项巡视到第九轮巡视首次开展"回头看"、杀出"回马枪"……巡视"剑法"年年创新，发挥了强有力的震慑作用。

据不完全统计，中央纪委立案审查的中管干部中，50% 以上是根据巡视移交的问题线索查处的。

截至 2017 年 4 月底，根据巡视移交问题线索，各地纪检监察机关立案厅局级干部 1225 人，县处级干部 8684 人。

2017 年 5 月，中央政治局审议《关于修改〈中国共产党巡视工作条例〉的决定》，对中央和国家机关巡视工作、市县巡察工作、一届任期内巡视全覆盖等作出明确规定，为依纪依规开展巡视、推动巡视工作向纵深发展提供了制度保障。

以上率下、落地生根——全面从严治党成效充分彰显

善治贵有良法，良法贵在执行。

《关于加强党内法规制度建设的意见》明确要求，要提高党内法规制度执行力，要坚持以上率下，从各级领导机关和党员领导干部做起，以身作则、严格要求，带头尊规学规守规用规。

党的十八大以来，党中央一手抓法规制度完善，一手抓有效落实，多措并举让铁规发力。

以上率下，党内法规制度成为党员干部的"必修课"——

2016 年 4 月，"学党章党规、学系列讲话，做合格党员"学习教育工作座谈会召开，从中央到地方，全体中共党员把党章党规作为重要学习内容。一年来，所有的党支部普遍开展专题学习讨论 4 次以上，党小组普遍做到 1 至 2 个月进行 1 次集中学习。

2017 年 4 月，习近平总书记对推进"两学一做"学习教育常态化制度化作出重要指示，强调"两学一做"学习教育是推进思想建党、组织建党、制度治党的有力抓手，是全面从严治党的基础性工程，要坚持不懈抓下去。

及时解读，推动制度精神精准执行——

既要立法，也要讲法。2015年7月，中央印发第一部关于党内法规解释的规定，对党内法规解释工作进行全面规范，促进党内法规统一正确实施。

同时，中央坚持党内法规能公开尽量公开，同时加大宣传解读力度。《中国共产党党组工作条例（试行）》颁布后，中央办公厅在17个省区市和中央单位培训2万余人；《党政领导干部选拔任用工作条例》修订出台后，中组部连续举办12期培训班，赴各地开展条例辅导近200场次。

强化督察，党的建设制度改革落地生根——

随着党的制度建设不断深入，督察落实的举措也持续跟进。

2015年，中央对《关于加强干部选拔任用工作监督的意见》和《关于县以下机关建立公务员职务与职级并行制度的意见》两个文件落实情况进行重点督察，从加强对"一把手"用人权的监督、严把干部廉政关等5个方面提出改进措施。2016年，中央又对《推进领导干部能上能下若干规定（试行）》《关于加强社会组织党的建设工作的意见（试行）》等文件落实情况开展了督察。

督察工作牢牢牵住问责的"牛鼻子"，严肃查处违反和破坏党内法规制度的行为，制度管党治党的效用越来越显著。

功成非一朝一夕。随着全面从严治党不断向纵深推进，党的建设新的伟大工程也将积跬步以至千里，层层深入、扎实推进，为保持党的先进性和纯洁性，提高党的执政能力和领导水平、增强抵御风险和拒腐防变能力提供坚强法规制度保证。

（新华社北京2017年6月29日）

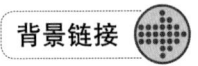 背景链接

用留置取代"两规"意味着什么?
——解读国家监察体制改革

党的十九大报告指出,深化国家监察体制改革,将试点工作在全国推开,组建国家、省、市、县监察委员会。同时明确,"推进反腐败国家立法""用留置取代'两规'措施"。

10月19日,在回答记者关于成立国家监察委员会后,中央纪委工作会不会有什么变化的问题时,中央纪委副书记杨晓渡表示,在党委领导下,纪委和监察委合署办公,充分体现了党领导的党内监督和国家监督、党的纪律检查和国家监察、依规治党和依法治国的有机统一。

"反腐败的力量会更集中,反腐败覆盖面会更广,纪委和监察委的责任更重了,我们的工作也会更加有效。"杨晓渡说。

十九大代表、山西省纪委书记、省监察委主任任建华介绍,山西通过改革试点,极大加强了党对反腐败工作的统一领导,初步形成监察权有效运行机制,制度优势正转化为治理效能。今年4至9月,全省运用监督执纪"四种形态"处理人次同比增长21.9%。

反腐败覆盖面会更广,将涵盖哪些人员?

监察部原副部长肖培此前曾表示,监察范围包括六大类人员:

第一，国家公务员法所规定的国家公职人员；第二，由法律授权，或者由政府委托来行使公共事务职权的公务人员；第三，国有企业的管理人员；第四，公办的教育、科研、文化、医疗、体育事业单位的管理人员；第五，群众自治组织中的管理人员；第六，其他依法行使公共职务的人员。

十九大报告指出，推进反腐败国家立法；制定国家监察法，依法赋予监察委员会职责权限和调查手段，用留置取代"两规"措施。

6月23日，国家监察法草案首次提请全国人大常委会审议。

中国政法大学副校长马怀德指出，国家监察法的立法意义是要通过立法的方式赋予各级监察委员会相应的职责权限，明确其职能，赋予相应的调查手段和调查措施。

"监察委未来履行职能，不是按照刑事诉讼法来行使侦查职能，也不是按照过去的行政监察法行使一般意义上的调查职能，而是一个全新体制，需要行使比较全面的调查权，所以要赋予它有效履行职能的措施和手段，其中一个非常重要的调查措施就是留置。"他说。

3月17日，全国首例监察留置措施由浙江省杭州市上城区监察委实施，涉案人员余某并非党员，涉嫌贪污。

马怀德表示，用留置措施取代"两规"，意味着留置的审批权力是特定的，留置措施的期限是确定的，留置的条件也更加明晰。今后在什么情况下可以采取留置措施、留置的对象是谁、留置的具体方式方法等，在立法中都将明确规定。

（新华社北京2017年10月23日）

专家带你"秒懂"未来五年反腐工作如何干

《十八届中央纪律检查委员会向中国共产党第十九次全国代表大会的工作报告》（以下简称《报告》）10月29日全文公布。对于今后5年的工作，报告提出了明确建议。这些建议究竟释放了哪些重要信号？

中国政法大学副校长马怀德对《报告》中的热点做出一一解读。

贯彻落实十九大精神 首先要摈弃"歇一歇、喘口气"的思想

《报告》原文：全面贯彻落实十九大精神是当前和今后一个时期全党的首要政治任务。广大纪检监察干部要原原本本学习十九大报告和党章，深入学习领会习近平新时代中国特色社会主义思想，准确把握十九大确立的重大判断、重大战略、重大任务，把思想和行动统一到十九大精神上来。

马怀德：落实十九大精神，首先应当坚定反腐败决心，紧绷反腐败这根弦，摈弃"歇一歇、喘口气"的思想，反腐败永远在路上，要做好长期反腐的心理准备；同时，要坚持不懈地落实各项已有的制度，始终保持制度的震慑力和权威性，用制度约束和规范权力，防止出现各种超越制度的特权和例外；还要推进反腐败立法，完善党内法规制度，健全各项监督体系，扎牢不能腐的笼子。通过不懈努力换来海晏河清、朗朗

乾坤。

中央八项规定精神成果弥足珍贵 要长期坚持

《报告》原文：把落实中央八项规定精神化作自觉行动，坚持不懈改进作风。

马怀德：五年来，中央八项规定精神落地生根，在正风肃纪方面发挥了极大作用，这一制度实践成果弥足珍贵，要长期坚持。今后落实八项规定精神，一要坚持以上率下，领导带头，巩固拓展落实中央八项规定精神成果，继续整治"四风"问题；二要持之以恒，不能松劲，让风清气正成为常态，让清正廉洁成为习惯；三要紧盯不正之风新动向和新变种，完善制度，及时应对，防止"破窗效应"；四是运用监督执纪"四种形态"，抓早抓小、防微杜渐。

建立国家监察委员会 形成党统一领导，集中、权威、高效的反腐败体制

《报告》原文：按照中央确定的时间表和路线图，将国家监察体制改革试点工作在全国各地推开，组建省市县监察委员会；在十三届全国人大一次会议审议通过国家监察法、设立国家监察委员会、产生国家监察委员会组成人员，实现纪律检查委员会和监察委员会合署办公。

马怀德：改革国家监察体制，设立国家监察委员会，是一项事关全局的重大政治改革。在人民代表大会制度之下，由"一府两院"改为"一府一委两院"，监察委员会不再是行政机关的内部机构，而是与政府、法院和检察院平行的国家机关。各级监察委员会将由各级人大产生、对人大负责、接受人大监督。这既是对现有政治体制的重大改革，也会关

中纪委工作报告里的那些数字

十八届中央纪律检查委员会向中国共产党第十九次全国代表大会的工作报告显示

十八大以来

经党中央批准立案审查的省军级以上党员干部及其他中管干部 **440人**

其中:
- 十八届中央委员、候补委员 **43人**
- 十八届中央纪委委员 **9人**

全国纪检监察机关共:
- 接受信访举报 **1218.6万件（次）**
- 处置问题线索 **267.4万件**
- 立案 **154.5万件**
- 处分 **153.7万人**

其中:
- 厅局级干部 **8900余人**
- 县处级干部 **6.3万人**
- 涉嫌犯罪被移送司法机关处理 **5.8万人**

中央纪委机关:
- 立案查处 **22人**
- 组织调整 **24人**
- 谈话函询 **232人**

全国纪检系统:
- 处分 **1万余人**
- 组织处理 **7600余人**
- 谈话函询 **1.1万人**

五年来

各级纪检监察机关共:
- 查处违反中央八项规定精神问题 **18.9万起**
- 处理党员干部 **25.6万人**

立案审查违反政治纪律案件 **1.5万件**
处分 **1.5万人** 其中 中管干部 **112人**

2014年以来

全国共被问责:
- 单位党委（党组）、党总支、党支部 **7020个**
- 纪委（纪检组） **430个**
- 党员领导干部 **6.5万余名**

对乱作为、不作为的 **3.2万名** 基层党员干部严肃追责

共从90多个国家和地区:
- 追回外逃人员 **3453名**
- 追赃 **95.1亿元**

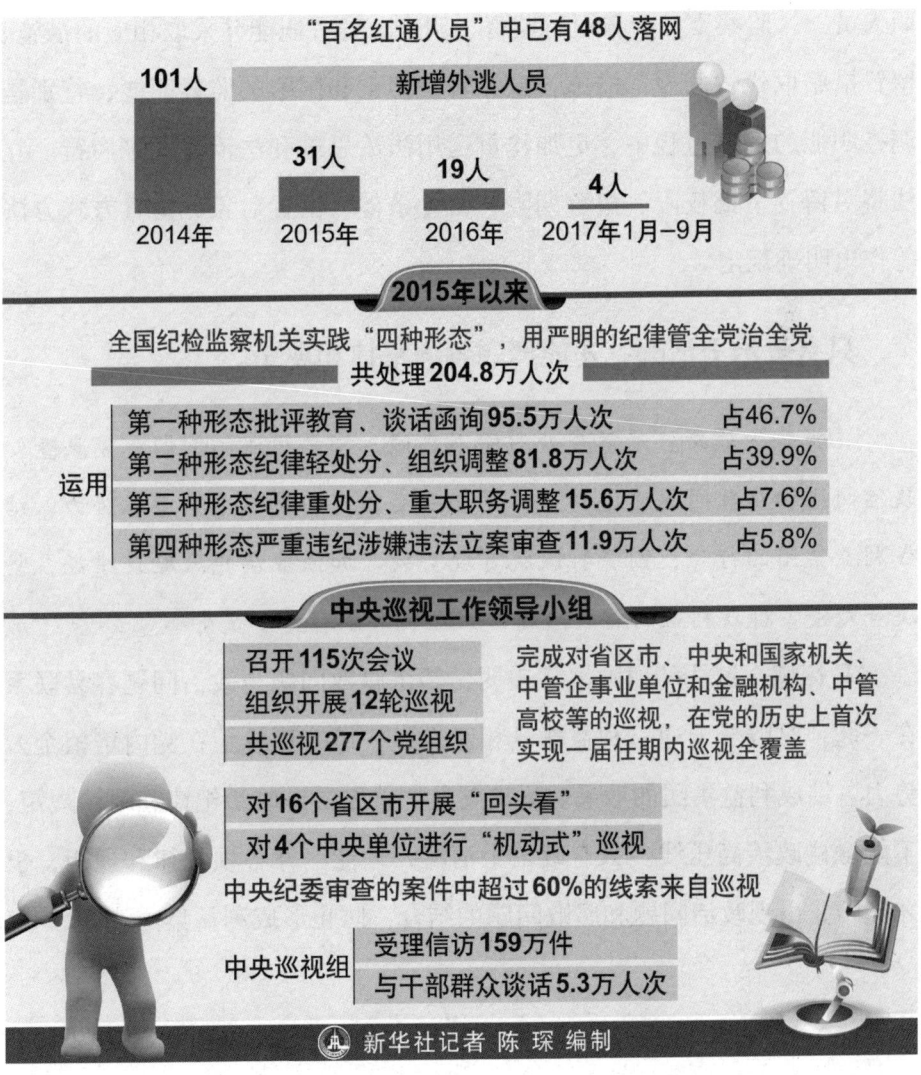

系到一系列法律制度的变革，必将对我国政治和法律制度产生深远的影响。建立国家监察委员会，可以整合反腐败资源力量，将监察机关预防腐败、检察院反贪反渎和预防职务犯罪职能、人员、编制整合到监察委员会，形成党统一领导，集中、权威、高效的反腐败体制。未来反腐败的力量会更集中，反腐败覆盖面会更广，将覆盖"所有行使公权力的公

职人员"，监察委员会将履行监督、调查、处置职能并采取相应的措施。留置措施取代"两规"措施，意味着我们党和国家的监督职能，特别是调查职能的发挥过程中，更加注重运用法治思维和法治方式来履行。立法将对留置审批权限、留置期限、留置条件、留置对象、留置方式方法等作出明确规定。

只有政治上清醒，才能严守各项纪律和规矩

《报告》原文：严肃查处对党不忠诚、阳奉阴违的问题；重点查处政治问题和腐败问题通过利益输送相互交织，在党内培植个人势力、结成利益集团的行为；围绕打赢脱贫攻坚战，加强基层党风廉政建设，坚决查处侵害群众利益的腐败问题，让人民群众有更多获得感。

马怀德：过往的腐败案件表明，经济腐败问题与政治问题容易联系在一起，腐败分子通过利益输送相互交织，最终形成了在党内培植个人势力、结成利益集团的后果。远离腐败，首先要讲政治纪律和政治规矩，不能触碰政治高压线。只有政治上清醒，才能严守各项纪律和规矩，也才能防止出现政治问题和腐败问题的结合，防止形成利益集团。

（新华社北京 2017 年 11 月 2 日）

第三章

"中国式民主"的特质

> 改革纵览

信有长风破浪时
——坚定"四个自信"推进中国特色社会主义伟大事业述评

自信,一个民族的精神脊梁;

自信,一个国家的前行动力;

自信,一个政党的勇气担当!

穿越数千年厚重历史,世界上没有任何一种文明能像中华文明一样,源远流长、生生不息,在传承与赓续中赋予中华儿女不竭动力。

历经百年苦难辉煌,没有任何一个政党能像中国共产党一样,矢志不移、奋斗不懈,带领中华民族走过风雨如晦的岁月迎来世纪梦圆的曙光。

面向未来,在以习近平同志为核心的党中央坚强领导下,中华民族正以前所未有的道路自信、理论自信、制度自信、文化自信推进中国特色社会主义事业,昂首阔步迈向民族复兴的伟大征程。

大道之行
——我们从未像今天这样接近中华民族伟大复兴的目标,我们从未像今天这样信心满怀

2017年6月5日,正在中国访问的美国加利福尼亚州州长布朗,登

上了从南京驶往北京的高铁列车。

"高铁看起来很不错,车很棒,很高兴能乘坐。"这位美国经济实力第一大州的州长在车厢里兴奋地来回走动,不时与中国乘客握手交谈,对中国高铁列车的速度、服务称赞有加。

此时此刻,中国高速铁路通车里程已居世界首位。

时光流转。1978年10月26日,正在日本访问的邓小平登上了从东京开往京都的"光—81号"新干线列车。

工作人员问他对乘坐新干线有什么感受。邓小平回答说:就感觉到快,有催人跑的意思。

时空转换,映射出一个国家和民族史诗般的巨变。

从驶向世界的中国高铁到飞向蓝天的国产大飞机,一个落后的农业国建成了世界上最完备的工业体系,在现代化道路上加速奋进;从一穷二白跻身世界第二大经济体,中国对世界经济增长的年均贡献率超过30%;从探索大洋深处的蛟龙号到遨游星汉的神舟飞船,中国向世界展示着下五洋上九天的自信与豪情……

习近平总书记用坚定的语气揭示出这一切奇迹背后的精神底色——

"当今世界,要说哪个政党、哪个国家、哪个民族能够自信的话,那中国共产党、中华人民共和国、中华民族是最有理由自信的。"

2017年7月1日晚的维多利亚港湾,溢彩流光,恍若仙境。绽放的烟花、动人的音乐、欢乐的市民,演绎着庆祝香港特别行政区成立20周年的盛况。

曾记否,20年前,美国《财富》周刊封面上写着大大的几个字:"香港将死",断言香港回归后前途黯淡。

如今的香港,风华正茂。

"今天的香港，超出了20年前人们的期望。"美国驻香港及澳门总领事唐伟康说。

从唱衰回归后的香港特区，到唱衰调整中的中国经济；从怀疑新中国，到怀疑改革开放……面对疾驰而来的"中国号列车"，那些戴着"有色眼镜"者却一再"大跌眼镜"。当"中国崩溃论"一次次在中国奇迹面前崩溃时，升腾的是中国人民与日俱增的自信心。

是的，中国有理由自信！

30多年高速增长，7亿人摆脱贫困，世界稳定一极……中国道路铺就了中国奇迹，中国奇迹印证着中国道路。当世人慨叹"我们的星球病了"的时候，中国正坚定不移沿着自己选择的道路奋力前行。

2017年1月9日，瑞士日内瓦雪花飞舞。

在中国主题图书全球新年展销月活动启动仪式上，日内瓦大学博士研究生皮埃里克·波尔谢手捧一本法文版的《习近平谈治国理政》："我很早就听说过这本书，大家都说这是了解中国领导人治国理念、执政方略的必读书目。"

这部收录了习近平总书记重要讲话的图书出版千日，已以600余万册的发行量覆盖了世界160多个国家和地区，风行天下。

是的，中国人有理由自信！

站在新的历史方位，以习近平同志为核心的党中央以实践丰富理论、以理论指导实践，形成一系列治国理政新理念新思想新战略，领航中国奔向伟大复兴。

春天的西藏乃村，烂漫野花点缀着绿绿的草场，为千年古村换上新装。这里有个美丽的传说：周边环绕的雪山是凤凰翅膀，乃村就坐落凤凰之背。

2015年4月,尼泊尔发生8.1级地震,乃村几乎被夷为平地。两年过去了,村民们亲眼见证了家园一步步走出灾难、实现凤凰涅槃的历程。

"新房正在盖,两层,200平方米。"村民次旺多吉高兴地告诉记者,政府为每户补贴近20万元,"没有共产党、没有人民政府,这是不可能的。"

"制度的优越性都是在比较中产生的。"中央党校教授辛鸣认为,这种优越性不仅表现为能够在危机面前空前团结、众志成城、万众一心、攻坚克难,更表现为能够在危机过后一方有难、八方支援、高效运作、迅速崛起。

是的,中国人有理由自信!

应对非典疫情、汶川地震等重大自然灾害和突发事件,克服国际金融危机带来的巨大冲击……一个个教科书般的典型案例、一次次浴火重生的成功实践,向世人展现了中国特色社会主义制度的强大力量。

2016年,一场名为"跨越时空的对话——纪念文学巨匠汤显祖和莎士比亚逝世400周年"的文化巡展走向全球20多个国家。

两种伟大文明的碰撞辉耀出人类精神之光:在莎士比亚的故乡斯特拉福德,莎翁的"粉丝"为《牡丹亭》的唱腔凝神驻足;在汤显祖的故乡临川,汤公的后人隆重纪念莎翁……当莎士比亚与"东方的莎士比亚"携手同行,世人对中国文化有了新的认识。

在与世界文明的交流互鉴中,绵延五千年的中华文明展现出独特魅力。正如德国《南德意志报》所指出的:"面对西方的文化输出,以中国为代表的第三世界国家,一味照单全收的时代已经结束。"

是的,中国人有理由自信!

通过继承传统文化、升华革命文化、吸收世界文明成果,社会主义核心价值观已经成为国家软实力最核心的呈现。中华民族伟大复兴正在从物质层面上升为物质、精神的全面复兴，文化自信也日益成为中国自信的根基所在。

2017年春节，一组中国百姓自拍的短视频《厉害了 我的国》在互联网上火了起来。

当长征火箭带着中国人的飞天梦想奔向未知的宇宙时，当五星红旗在奥运赛场高高飘扬时，当中国科学家接过诺贝尔奖章时，当中国军舰护卫着华侨、华人撤离战乱地区时……

人们以这种自发的形式为国家和民族点赞。"厉害了，我的国！"满满的自信通过短短的6个字让亿万人的心灵同频同振。

"上溯100年，我们从未像今天这样充满自信。"在北京交通大学马克思主义学院院长韩振峰看来，这种自信表现在方方面面——做好自己事情的坚持上、大步走向世界的胸怀上、全面从严治党的勇气上、主动调低经济增速的定力上，甚至"四个自信"的提出本身就是一种自信的表现。

这种自信正化为中国航船继续前行的推动力、中国人民万众一心的凝聚力、中华民族伟大复兴的向心力，使中国特色社会主义伟大事业生机无限。

自信者强
——我们走自己的路，具有无比广阔的舞台，具有无比深厚的历史底蕴，具有无比强大的前进定力

今年21岁的浙江台州人陈楚白，刚刚从中国科大少年班毕业。这几天，他仍在加紧学习，为即将赴美留学做准备。

"学成以后回国工作。"已被美国加州大学伯克利分校录取的陈楚白憧憬着五年后的人生，"中国发展那么快，国家每年的科技研发投入我们也看得很清楚。如果有条件，相信大多数人都想回来。"

每年数以万计出国留学人员，每年数以万计海外引进人才……今天，一个充满活力的中国正以博采众家之长的自信将莘莘学子送向世界各地学习深造，又以海纳百川的胸怀吸引着千万海外人才前来建功立业。

然而，一个多世纪前，中国第一批公派留学生的求学与归国之路是怎样的沉重和无奈？

1872年，被两次鸦片战争洞穿国门的清政府终于意识到"器不如人"的现实，选派120名平均年龄只有12岁的幼童赴美留学，希望他们学成归来后能够"师夷长技以制夷"。

谁知短短9年后，这次原定15年的留学计划就夭折了。清政府的官员们发现，这些留学生不仅难以成为垂死封建王朝的挽救者，反倒更有可能成为旧制度的掘墓人。

留美幼童的悲情结局如同一个历史的注脚，清晰展现出这个"老大帝国"的深深自卑。

从洋务运动到维新变法，从太平天国到辛亥革命……中国人一次次奋起，又一次次失败，直到中国共产党登上历史舞台，中华民族才真正走上了再造自信的人间正道。

时空可以压缩，但过程无法省略。

回望来路，中国人历经百年的精神重构比自信本身更发人深省、更令人震撼。

"一个民族的自信心总是与她的兴衰荣辱交织在一起。"在中央党史研究室研究员王新生看来，"四个自信"是从中华民族百年复兴进程中走来的、从中国5000年文明史中走来的、从人类发展的长河中走来的。

——这种自信植根于中华文明深沉醇厚又海纳百川的文化沃土。

尽管近代中国曾堕入历史的深渊，但如果将时间的标尺放大到百年、千年，辉耀世人的仍是绵延数千年不曾断绝、长期引领世界风气之先的中华文明。以这个时空尺度，曾经的挫折和低迷不过是历史洪流中的一次蓄势。

实事求是典出《汉书》，小康之喻语出《礼记》，选贤举能、德法相依、和衷共济的理念来自传统文化中的精髓。全国政协常委杨胜群认为，所谓中国特色，一个重要来源就是具有深厚的中华传统文化内涵。

——这种自信来源于中华民族不屈不挠的精神威力。

2017年6月，国歌法草案首次提请全国人大常委会审议。

听闻此讯，曾经无数次指挥奏唱国歌的中国人民解放军军乐团一级指挥于海感慨万千："'中华民族到了最危险的时候'，传递出超越时空的危机意识；'冒着敌人的炮火'，彰显势不可挡的钢铁力量；'用我们的血肉筑成我们新的长城'，展现了中华儿女勇往直前的大无畏精神……国歌中蕴含着伟大的民族精神。"

正是这种精神，让中国人民一次次书写出波澜壮阔的革命、建设、改革、复兴的史诗，不断创造出人类的奇迹、筑造起自信的大厦。

——这种自信坚定于中国共产党的正确领导。

2016年12月30日上午，全国政协礼堂。

党和国家领导人同各民主党派中央、全国工商联负责人和无党派人士代表等欢聚一堂，共迎元旦。全场齐声高唱《没有共产党就没有新中国》，热烈的气氛达到高潮。

70多年前，当19岁的八路军战士曹火星在京西的山沟沟里创作这首歌曲时，他恐怕没有想到，这首歌会有一天响彻祖国大地、唱进亿万人民的心坎里。

从万里长征的悲壮史诗到全民抗战的砥柱中流,再到解放战争的神州既白,在中国共产党领导下,中华民族再次挺起不屈的脊梁,迸发出前所未有的精神力量。

作为中国道路的开拓者、理论的践行者、制度的创立者、文化的弘扬者……人们从这个永葆先进本色、勇立时代潮头的政党身上看到了民族复兴之光。

"中国体制优越性最大的体现就是中国共产党领导。"清华大学国情研究院院长胡鞍钢认为,中国共产党这样的政治组织、制度安排、治理方式是人类历史上从来没有过的,这是中国体制既高效又灵活、既民主又集中、既多样又团结的根本所在。由此,中国政治体制才更具生命力、创造力和竞争力。

——这种自信升华于马克思主义的科学理论。

上世纪八九十年代,在世界社会主义运动陷入低潮之时,邓小平同志预言:"我坚信,世界上赞成马克思主义的人会多起来的,因为马克思主义是科学。"

只要手握真理,目光总能穿透历史的迷雾。

中国共产党自诞生之日起,高擎起马克思主义的旗帜。一代代中国共产党人在革命、建设和改革进程中,接力书写马克思主义中国化的时代篇章。党的十八大以来,以习近平同志为核心的党中央提出一系列治国理政新理念新思想新战略,使马克思主义的科学理论在中国的实践中焕发出新的光芒。

实践是检验真理的唯一标准,真理是坚定自信的理论源泉。从民族独立、人民解放,到国家富强、人民幸福,马克思主义中国化的每一次飞跃，都伴随着中华民族跨越式前行。

参天之木，必有其根；怀山之水，必有其源。

"站立在960万平方公里的广袤土地上，吸吮着中华民族漫长奋斗积累的文化养分，拥有13亿中国人民聚合的磅礴之力，我们走自己的路，具有无比广阔的舞台，具有无比深厚的历史底蕴，具有无比强大的前进定力。中国人民应该有这个信心，每一个中国人都应该有这个信心。"习近平总书记的话语充满自信。

长风破浪

——历史没有终结，也不可能被终结。中国共产党人和中国人民完全有信心为人类对更好社会制度的探索提供中国方案

2017年5月在北京举行的"一带一路"国际合作高峰论坛，成为世界观察中国的重要窗口。

约2000名外国记者报名参加这次报道，规模甚至超过了一年一度的全国两会。与之相伴随的是，"中国贡献""中国模式""中国方案"频频登上外媒头条。

中国的一举一动越来越为世界所关注，也越来越大地影响着全球发展的脉动。

获悉中国"慧眼"卫星发射成功、量子技术取得突破、超级电脑蝉联冠军，法新社认为，这标志着中国国力正在增强；调查显示中国大学生正在减少到外企工作的兴趣，CNN第一时间评论指出，中国本土公司发展迅速且更具有创新精神；南昌一夜之间拆除了一座立交桥，英国《每日邮报》惊叹，这就是我们所说的中国效率！

中国奇迹提升了中国自信。

路走对了，就不怕遥远。纵观近代以来跌宕起伏的发展历程，坚定"四个自信"无疑是实现中华民族伟大复兴的必然选择，是凝聚磅礴力量的精神动力。

"中华民族的伟大复兴不仅是物质的复兴，更是精神的复兴，是民族自信的完整重塑。"中央党校教授祝灵君说。

在庆祝中国共产党成立95周年大会上，习近平总书记明确指出，要坚持中国特色社会主义道路自信、理论自信、制度自信、文化自信，坚持党的基本路线不动摇，不断把中国特色社会主义伟大事业推向前进。

"道路自信是根本，理论自信是引领，制度自信是保障，文化自信是支撑，'四个自信'作为一个有机整体，统一于中国特色社会主义伟大实践。"韩振峰指出，在实现中华民族伟大复兴的征程上，必须坚持我们的道路、创新我们的理论、完善我们的制度、弘扬我们的文化，才能永远保持昂扬自信的姿态。

——坚持我们的道路，就要始终坚持中国共产党的领导。

党的领导是中国特色社会主义最本质的特征。

党的十八大以来，我们党切实把全面从严治党的要求落到实处，力求把自身建设成为世界上最强大的政党。

"为什么要把党建设成为世界上最强大的政党？一言以蔽之，就是理想所寄，使命所使，事业所需。"中央党校常务副校长何毅亭撰文指出，在兴党强党问题上，必须坚持不忘初心，牢记使命，从严治党，砥砺前行，使党具有强大的政治引领力、民心感召力、组织动员力和自我革新力，才能不断坚定我们的道路自信。

——创新我们的理论，就要不断推进马克思主义的中国化时代化。

"中国为什么能？中国共产党为什么行？"近年来，国外学界不断追问。

英国知名中国问题专家马丁·雅克认为,从历史的角度看,中国共产党有生命力和成功的原因,就是她成功地把马克思主义本地化和中国化,使马克思主义符合中国的条件。而这一过程仍在继续。

在新的时代,结合新的实践,针对新的任务,马克思主义中国化的新成果、新飞跃,将为伟大复兴提供有力的思想保障,也将进一步坚定我们的理论自信。

"在未来的时代进程中,人类将不断见证与体认这一历史性转折的意义。"畅销书《大道之行》的作者之一白钢说。

——完善我们的制度,就要实现国家治理能力和治理体系现代化。

制度自信源于制度效能。

党的十八届三中全会提出"完善和发展中国特色社会主义制度,推进国家治理体系和治理能力现代化"这一全面深化改革的总目标,为增强制度自信注入了新的动力。

"中国特色社会主义制度的优越性,归根结底还要体现在国家综合实力的持续提高、人民生活的不断改善和社会公平正义的有效保障上。"中国社会科学院副院长李培林认为,只有不断满足人民日益增长的物质文化需要,不断加强和创新社会管理,把各方面制度和机制的优势转化为管理经济社会事务的实际效能,才能不断坚定我们的制度自信。

——弘扬我们的文化,就要对中华文化不断进行创造性转化和创新性发展。

"固守传统和抛弃传统,都是中华民族文化的断流。"中国人民大学哲学院教授陈先达说,文化自信是包括对中华优秀传统文化、革命文化和社会主义先进文化在内的自信。

从"留取丹心照汗青"的文天祥，到"为中华崛起而读书"的周恩来，再到"心有大我"的黄大年，爱国主义精神生生不息；从"哀民生之多艰"的屈原，到"为人民而死"的焦裕禄，再到"不忘初心"的廖俊波，家国情怀一脉相承……

陈先达认为，文化自信既是基于我们民族苦难和奋斗史的文化自觉与自豪，又是我们民族寻找自身伟大复兴之路的文化史的展示；是一种既热爱自己的民族文化又海纳百川的包容精神，是一种既积极奋进又不卑不亢的文化精神。

天行健，君子以自强不息。

今天，我们能够清晰感受到一个民族复兴进程中的自信之力。那是挺立潮头勇于担当的责任，是着眼长远计定千年的手笔，是无惧挑战勇于开拓的气魄，是放眼全球引领世界的胸怀……这种力量激励自我，感召世人。

2017年，火热的夏天——

一条由中国公司主持修建并全部采用中国最新技术的铁路，在非洲大陆正式开通运营，它使肯尼亚首都内罗毕和海岸城市蒙巴萨紧密连接在一起；

一场由中国公司阿里巴巴举办的中小企业论坛在美国底特律举行，3000多名美国中小企业主与合作伙伴把握商机、蜂拥而至；

一辆载着尼泊尔主流媒体与友好团体考察团的大巴驶入浙江省委党校，专程倾听有关治国理政新实践的专题讲座，希望把中国经验带回国内；

……

德国前总理施密特曾说，中国的持续成功发展不仅解决了中国问题，也为西方走出困境提供着启示。

一个蓬勃向上的世界离不开13亿多自信的中国人,日益自信的中国正在为人类社会的共同繁荣提供着越来越多的经验、方案和正能量。

以开放彰显自信——从筹建亚投行到提出"一带一路"倡议,中国向世界传递出更加积极主动对外开放的诚意和决心。

以文化诠释自信——讲好中国故事,发出中国声音,彰显文化软实力,一个越来越丰富和生动的中国形象为全世界人民所接受。

以引领塑造自信——通过倡导构建人类命运共同体、推动全球治理,谋求共同发展,在走近世界舞台中心的进程中,中国展现大国风范,引领前行方向。

"历史没有终结,也不可能被终结。中国特色社会主义是不是好,要看事实,要看中国人民的判断,而不是看那些戴着有色眼镜的人的主观臆断。中国共产党人和中国人民完全有信心为人类对更好社会制度的探索提供中国方案。"习近平总书记斩钉截铁的话语向世人展现出中国自信的宏阔格局。

自信人生二百年,会当水击三千里!

新的使命,新的召唤。在以习近平同志为核心的党中央坚强领导下,不断坚定"四个自信",我们就能不为任何风险所惧,不为任何干扰所惑,坚定不移开辟新天地、创造新奇迹。

(新华社北京2017年7月25日)

〉深度解读〉

中国式民主的本质、特质、品质

作为"中国式民主"的重要实践平台,两会不仅向世界打开了开放的窗口,也以精彩的故事展现着中国自信。

"中国特色社会主义民主是个新事物,也是个好事物。"习近平总书记曾这样评价"中国式民主"。新在哪里?好在哪里?从习近平的思想与实践中,从两会所折射的"中国式民主"的本质、特质和品质中,人们不难得出答案。

本质:人民当家作主不是一句空话

先走绝壁上的骡马路,再坐索道缆车,然后换乘汽车到省城,最后坐飞机进京参加两会。9天的时间,漫长的旅程,来自四川山区"天梯村"的全国人大代表骆云莲不辞辛劳。在她的行囊里,装着几份沉甸甸的建议,从生态文化旅游到破解水电难题,无不与乡亲们的生活息息相关。

把"云端上的嘱托"带进人民大会堂,这样的故事还有很多。它们朴实,却深刻。从"天梯村"到大会堂,地理距离非常遥远。然而,"为民请命"的情怀同"庙堂之高"的谋划,却能够跨越万水千山,实现零距离接触、同频共振。在党的领导下,通过两会的制度平台,把13亿人的所思所盼，融入国家发展的顶层设计之中，不正是沿着这样的路径么？没有比人更高的山，没有比脚更长的路。"中国式民主"，就是让人民当家作主的人间正道。

"人民民主是社会主义的生命，人民当家作主是社会主义民主的本质和核心。"习近平强调，保证和支持人民当家作主不是一句口号、不是一句空话，必须落实到国家政治生活和社会生活之中。这一点，由全国人大代表、全国政协委员的构成可见一斑。

十二届全国人大代表中，来自一线的工人、农民代表占代表总数的13.42%，比十一届提高了5.18个百分点；专业技术人员代表占20.42%，提高了1.2个百分点。十二届全国政协委员中，中共委员占39.9%，非中共委员占60.1%，56个民族都有全国政协委员。基层代表、委员数量明显增加，广泛的代表性进一步凸显，能够更好地体现人民的意志、利益和愿望。对照一些西方国家选举成为烧钱竞赛、金钱日益腐蚀政治的乱象，这样的论断更令人信服：中国特色社会主义民主政治之所以具有强大生命力和显著优越性，关键在于它深深植根于人民之中。

特质：有事好商量，众人的事情由众人商量

"在中国社会主义制度下，有事好商量，众人的事情由众人商量，找到全社会意愿和要求的最大公约数，是人民民主的真谛。"习近平曾以简明话语道出"中国式民主"的真谛。把目光投向两会来一场"案例教学"，可以更好理解其中深意。

——2017年3月4日下午，习近平总书记看望出席全国政协十二届五次会议民进、农工党、九三学社政协委员并参加联组会。9位委员围绕加强农村基层治理、壮大全科医生队伍、提升中华文化国际影响力、重视健康扶贫工作等问题作了发言。习近平认真听取，一一回应。5日下午，他在参加所在的十二届全国人大五次会议上海代表团审议时，又与7位代表就创新、农村基层治理、财税体制改革、教育改革等问题深入讨论。广泛吸纳知识分子、企业家等各界贤达的真知灼见，与来自工人、农民、少数民族的基层代表深入交流、共商国是，习近平的"两会时间"激荡着人民民主的旋律，形成了集众智、汇众力的强大磁场。

——审议民法总则草案，是十二届全国人大五次会议的一项重要议程。为了打造好中国版的"社会生活百科全书"，全国人大实行开门立法，民法总则草案3次向社会征求意见、2次向全国人大代表征求意见、4次在不同省市召开座谈会，共收到来自各方面的意见7万多条。有科学立法和民主立法"双轮驱动"，能够广泛听取和尊重各方面意见，使法律凝聚最大共识、夯实社会根基。

两会是观察中国政治生活的重要窗口。追踪一部法律的诞生过程，你可以理解什么是"坚持党的领导、人民当家作主、依法治国有机统一"；从人大代表认真审议、政协委员热烈讨论的场景中，你可以感受选举民主和协商民主这两种中国社会主义民主的重要形式如何相互补充、相得益彰，共同构成"中国式民主"的制度特点和优势。

"物之不齐，物之情也。"各国国情不同，每个国家的政治制度都是独特的。习近平深刻指出，不能想象突然就搬来一座政治制度上的"飞来峰"，中国特色社会主义政治制度之所以行得通、有生命力、有效率，就是因为它是从中国的社会土壤中生长起来的。

品质：能干事、干好事、干成事

务实，为民，是习近平治国理政的一贯理念，体现在对民主的理解上，他正本清源地指出，民主不是装饰品，不是用来做摆设的，而是要用来解决人民要解决的问题的。

"赣南茶油"的故事诠释了这样的民主理念。2015年全国两会期间，百岁老红军王承登托人大代表明经华带信，向习近平总书记表达加大支持赣南茶油等扶贫产业的心愿。在参加江西代表团审议时，习近平读了这封信，要求在场的部委负责同志做些调研。在他过问和推动下，如今赣南油茶林面积达200多万亩，油茶树成了苏区百姓脱贫致富的"幸福树"。

既倾听人民呼声、顺应人民期待，又切实为人民解忧难、谋福祉，在习近平的"两会时间"中，类似故事还有不少。它们不仅折射出总书记的人民情怀，也以有温度方式告诉人们，中国政治制度是一套有效保证能干事、干好事、干成事的政治制度，这正是"中国式民主"最宝贵的品质。

国内生产总值增长6.7%，对全球经济增长的贡献率超过30%，全年城镇新增就业1314万人，全国居民人均可支配收入实际增长6.3%，农村贫困人口减少1240万……今年政府工作报告中的一连串数字，向人们呈现一份中国发展的出色成绩单。今年，有3000多名中外记者报名采访全国两会，外国记者人数继续增加。在很多国家陷入治理困境的背景下，中国"风景这边独好"的发展态势，让世界更加想知道"中国为什么能"的答案。关于这个问题，习近平给出了制度上的回答。

中国实行工人阶级领导的、以工农联盟为基础的人民民主专政的国体，实行人民代表大会制度的政体，实行中国共产党领导的多党合作和政治协商制度，实行民族区域自治制度，实行基层群众自治制度，具有鲜明的中国特色。这样一套制度安排，能够有效保证人民的权利和自由，能够有效调节国家政治关系，能够形成安定团结的政治局面，能够集中力量办大事，能够有效维护国家独立自主和人民福祉。与西方"多党制""三权分立"的政治制度不同，中国的政治制度，将民主与集中、民主与法治、公平与效率等有机结合在一起，从而保证人民当家作主，保证国家政治生活既充满活力又安定有序，保证决策和执行的科学高效。

"世界需要重新认识中国制度优势"，法国知名学者戴维·戈塞的感言，既是对中国的看重，也蕴含对西方民主困境的反思。党争纷沓、相互倾轧、相互掣肘、内耗严重、议而不决、决而难行……一些政党"上台有术、治国无能"，一些政治势力成天把人民挂在嘴上，却不干实事、推卸责任。去年夏天，美国本土受到寨卡病毒侵袭，因为白宫与国会忙于党争内斗，导致延误了专项拨款。当为反对而反对的党争撕裂社会，当"脱欧"公投成为失败的政治豪赌，当低下的效率让经济发展和民生改善裹足不前，难怪英国《经济学家》杂志感慨，一人一票的"直接民主可以用于像欧洲歌唱大赛一样无关紧要的问题，但绝不适用于管理一个国家"。

世界潮流，浩浩荡荡。中国前进的脚步不会停止，"中国式民主"的完善和发展正在路上，不管是两会，还是两会之外，中国的新故事会越来越多、越来越精彩。世界需要这样的中国故事，正如习近平总书记在庆祝中国共产党成立 95 周年大会上所宣示的："中国共产党人和中国人民 完全有信心为人类对更好社会制度的探索提供中国方案。"

本质、特质、品质——厉害了，中国式民主！

（新华社北京 2017 年 3 月 8 日）

从全国两会看中国特色社会主义民主政治

早春二月，四川大凉山的油菜花已灿然盛开。

走过长长的山路，来到喜德县沙马拉达乡火把村，全国人大代表潘成英叩开了村民吉克瓦则家的门——出席全国两会前，她再次走村入户，了解群众所需所盼。

几天后，潘成英抵达北京。她的行囊里，装着写得满满的笔记本以及厚厚的一叠材料——关于发展寄宿制教育的建议。家乡人民沉甸甸的嘱托，随她跨越千山万水，进入中国最高民主政治殿堂。

见微知著，"中国式民主"焕发出蓬勃生机。

植根人民，"中国式民主"的脚步笃定前行。

党的十八大以来，以习近平同志为核心的党中央深刻洞察世界潮流、深刻把握人类发展规律，以矢志不渝的担当、一往无前的勇气和固本开新的智慧，推进中国特色社会主义民主政治不断完善和发展。"中国式民主"日益展现出独特的优势和魅力。

旗帜鲜明的本质

——中国民主政治制度之所以具有巨大优越性，追根溯源是始终以最广大人民根本利益为归依

2017年3月9日上午，十二届全国人大五次会议黑龙江代表团开放日活动在人民大会堂举行。在近百名中外媒体记者的注视下，10位代表先后发言，就农业发展、养老休闲、供给侧结构性改革等建言献策，并接受记者提问。

此刻，与人民大会堂相距不远的国家博物馆内，观展者如云。《复兴之路》基本陈列前，一个红色的箱子静静躺在展柜中，吸引着人们的注意。

这是一届全国人大一次会议使用的投票箱。

1954年9月20日，中南海怀仁堂。第一届全国人民代表大会第一次会议上，1200多名全国人大代表进行表决，通过了新中国第一部宪法。

"全国人民热烈欢呼拥护。游行队伍抬着巨大的《中华人民共和国宪法》模型进入天安门广场时，全场立刻欢腾起来……"一届全国人大代表胡兆森老人清晰地记得，模型徐徐打开后，出现八个大字——"一切权力属于人民"。

岁月如歌，初心不忘。

"我们必须坚持国家一切权力属于人民，坚持人民主体地位，支持和保证人民通过人民代表大会行使国家权力。"2014年9月5日，庆祝全国人民代表大会成立60周年大会上，习近平总书记话语铿锵。

不同的时空，同样的坚持，彰显中国民主政治制度始终不变的本质和底色。

回眸来路，中国发展的每一次历史跨越，国家治理体系和治理能力的每一次提升，人民民主始终是坚固的基石，彰显出党的领导、人民当家作主、依法治国的有机统一，彰显出中国特色社会主义民主政治制度的巨大优越性。

审视当下，党的十八大以来，我国不断发展更加广泛、更加充分、更加健全的人民民主，从各层次各领域扩大公民有序参与，使广大人民群众反映意愿的制度更加健全、形式更加多样、渠道更加通畅，国家治理和社会生活因此不断显现新气象、绽放新活力。

"人民当家作主是社会主义民主政治的本质和核心。人民民主是社会主义的生命。"习近平总书记的重要论述发人深省。

一切为了人民，一切依靠人民。中国人民投身中国特色社会主义民主伟大实践的决心和信心，从未像今天这样执着坚定。

决心和信心，来自坚强有力的领导核心——

中国共产党的领导是中国特色社会主义最本质的特征。中国共产党的领导，就是支持和保证人民实现当家作主。要保证人民当家作主，就必须坚定不移坚持党的领导。

"中国共产党第一个纲领清晰显示，从成立那一刻起，为人民求解放、谋幸福就是中国共产党人的不懈追求。"党章研究专家叶笃初说。

从"三三制"到"五一口号"，从确立人民代表大会制度到实行村民自治……中国共产党团结带领亿万人民成功开辟和坚持了中国特色社会主义政治发展道路，为实现最广泛的人民民主确立了正确方向。

新的历史条件下，全面从严治党、深入推进党的建设新的伟大工程，不断提升党的纯洁性和先进性，保持党的凝聚力和战斗力，营造风清气正的政治生态，确保党团结带领人民不断开创民主政治建设新局面。

决心和信心，来自以人民为中心的发展思想和制度安排——

十二届全国人大代表中，来自一线的工人、农民代表占总数的13.4%，比十一届提高5个百分点。十二届全国政协委员中，中共委员占39.9%，非中共委员占60.1%，56个民族都有全国政协委员。基层代表委员明显增加，广泛的代表性进一步凸显，人民的意志得到更好地体现。

以全体会议为龙头，以专题议政性常委会议和专题协商会为重点，以双周协商座谈会、对口协商会、提案办理协商会等为常态的协商议政新格局汇聚各方智慧，集纳睿智良策。

保证和支持人民当家作主不是一句口号、一句空话，而是真正落实到国家政治生活和社会生活之中。

决心和信心，来自人民当家作主的真切实践——

这一点，潘成英代表体会尤深。2015年，她提出加强民族地区学前教育的建议，很快，"一村一幼"计划在大凉山全面铺开。她还建议增开民族地区客运列车，如今也变成了现实，"在凉山州甘洛县，增停了三列火车。"

"在我们国家的制度下，人民真正成为国家的主人。"潘成英说。

民主不是装饰品，是要用来解决人民要解决的问题的。

"我们架起基层群众与最高权力机关之间的桥梁，传递群众真实的情况和声音，推动解决关系群众切身利益的问题。"全国人大代表、重庆市谢家湾小学校长刘希娅说，以最广大人民根本利益为归依，人民民主因此迸发出强劲的生命力，能够更加有力有效地呵护人民福祉。

务实有效的品质
——能干事、干成事、干好事，选举民主和协商民主相得益彰，最广泛地凝聚起亿万人民同心筑梦的磅礴力量

2017年3月8日下午，人民大会堂。

翻开民法总则草案，全国人大代表、湖南律师秦希燕眼前一亮——"居民委员会、村民委员会具有基层群众性自治组织法人资格，可以从事为履行职能所需要的民事活动。""去年11月，我向全国人大常委会提出了这一修改意见。我的意见有了真实的回应。"

草案能否在几天后的大会表决中通过，将决定于包括秦希燕在内近3000名全国人大代表手中的表决器。而它的"孕育"和"诞生"过程——充分发扬民主、广集民意民智，再经民主程序上升为国家意志——正是人民当家作主的体现。

同一时间，全国政协礼堂。

一条条会议桌组成"回"字形，没有主席台，没有发言席。来自民革、民进等民主党派的政协委员与中央农办、农业部等部门负责人围桌而坐，就"推进农业供给侧结构性改革，广辟农民增收致富门路"交换意见、充分沟通。

"会场体现平等，协商凝聚共识。"中央党校原副校长李君如说，这就是"有事好商量"。

两个平台、两幅图景，共同构成"中国式民主"恢宏画卷的生动缩影。

在世界视野下，选举民主历史悠久、广泛实行；协商民主是从中国的泥土中生长出的民主。党的十八大以来，人民代表大会制度与中国共产党领导的多党合作和政治协商制度相互交织、相得益彰，能干事、干成事、干好事，铸成"中国式民主"最闪光的品质。

上海，万里长江奔流入海。

负面清单、非禁即入、制度创新……作为我国第一个自由贸易试验区，上海自贸区发出全面深化改革的先声。上海自贸区的构想就曾在协商民主的平台上孕育过。

"这个构想民建上海市委调研提出过，2012年以发言方式交至全国政协，2013年正式提出提案。"全国政协常委、民建中央副主席周汉民回忆。

凡属重大改革必须于法有据。2013年8月，全国人大常委会依法审议国务院提出的议案，作出重要修改后表决通过，授权国务院在上海自贸试验区暂时调整部分法律规定的有关行政审批。当年9月，上海自贸试验区挂牌。

"党和政府的工作做到哪里，民主的工作就延伸到哪里。"全国政协委员马德秀说，只要是中央关注的重大事情，都能看到民主大有作为。

社会主义愈发展，民主也愈发展。

"协商式监督"，新写入今年全国政协常委会工作报告的这五个字，让全国政协委员、贵州省政协副主席左定超印象深刻。

"去年，中共中央召开党外人士座谈会，邀请民主党派与8个省份对接，监督脱贫攻坚，这是充分发挥民主监督作用的新尝试。"左定超说，他多次带队到贵州省思南县进行监督性调研协商活动，协助当地改进脱贫工作。当年思南县减少贫困人口2.67万人，贫困发生率降至11.35%，脱贫攻坚首战告捷。

"中国的协商民主建立了一种事先协商，然后对各种意见进行综合考虑，最后作出决策的'程序民主'。"美国《侨报》评价，政协并不只是"拍手"，还要在政府决策之前"说话"。

2014年11月13日，一场关乎中国建筑工人切身利益的双周协商座谈会在全国政协礼堂举行——

与会的全国政协委员、专家学者带着一线工人的呼声和长期研究的建议，与有关部门负责人围绕工伤保险的资金来源、体制机制障碍等问题进行详尽讨论，形成供国务院决策的参考建议。建筑工人工伤维权，这个10余年迟迟没有进展的难题，在协商平台上得以推动解决。

紧扣党和国家重大关键性课题，研究涉及人民群众根本利益。自

2013年10月恢复至今，双周协商座谈会成为推进协商民主的重要尝试，更被视为一个小支点，撬动政协协商的大格局。

制度的生命在于创新。

完善立法工作机制和方式方法，健全人大讨论决定重大事项制度，创新人大监督方式，夯实基层人大建设基础，健全人大代表联系群众的机制和平台……坚持和完善人民代表大会制度，让"中国式民主"的实践永不停息。

北京社会科学院副研究员孙照红说，如果把当今中国的民主政治建设比喻为一辆列车，选举民主和协商民主则是列车下的两条钢轨，二者并行不悖，相互配合，确保民主政治建设顺利达到目标。

"在中国社会主义制度下，有事好商量，众人的事情由众人商量，找到全社会意愿和要求的最大公约数，是人民民主的真谛。"习近平总书记深刻指出。

如今，越来越多的人体会到其中深意——从中国土壤之中生长起来的中国特色社会主义民主政治制度，将民主与集中、民主与法治、公平与效率等有机结合，从而保证人民当家作主，保证国家政治生活既充满活力又安定有序，保证决策和执行科学有效。

坚定自信的特质
——"中国特色"开辟人类追求民主政治新路径，中华民族对世界政治文明的探索实践永无止境

2017年的政府工作报告中，一组数据令世界瞩目：

"国内生产总值达到74.4万亿元，增长6.7%，名列世界前茅，对全球经济增长的贡献率超过30%。"

改革开放深入推进,经济结构加快调整,发展新动能不断增强,人民生活继续改善……在西方社会治理和民主不断出现问题的背景下,"中国式民主"日益吸引世界的目光。世界想知道,"中国为什么能?"

2017年的全国人大常委会报告工作中,或许藏着解题之钥:

"常委会听取审议中央决算报告、审计工作报告、预算执行情况报告,审查批准2015年中央决算、2016年中央预算调整方案……"简练的文字,展现着中国的民主在促进经济社会平稳健康发展方面不可替代的作用。

"中国的社会主义民主制度有其自身优势特点,中国乃至全球学界都不应该忽略对这一特质的研究。"巴西弗鲁米嫩塞联邦大学国际法教授埃万德罗·卡瓦略指出。

"中国与西方的最大差别,就是我们把重点放在'实质民主'上,也就是从民主的目标和结果出发,不断探索如何最好地实现人民当家作主、实现良政善治,探索最能实现'实质民主'的民主形式。"复旦大学中国研究院院长张维为说。

悄然间,"中国式民主"的世界影响力日益彰显——

2015年5月,泰国总理巴育在泰中两国高层交流时表示,希望学习借鉴中国的治国理政经验。当年10月,泰国国家改革指导委员会成立,分11个组别,在政治、经济、教育、司法体系等方面为立法机构提供政策建议,并致力于推动国家和解以及建立相关和解机构。

值得注意的是,此前,新加坡国立大学东亚研究所所长郑永年提出,泰国有必要设立能够协调不同社会阶层或阶级利益的机制。"理论上,中国的政协制度就可以成为这样一种机制。"

"世界需要重新认识中国制度优势。"法国知名学者戴维·戈塞的这一感言,在世界范围内取得越来越广泛的共识。

如何走好自己的民主之路，中国的认识始终清醒——

"'鞋子合不合脚，自己穿了才知道。'一个国家的发展道路合不合适，只有这个国家的人民才最有发言权。"2013年3月，习近平主席在莫斯科国际关系学院的演讲中形象地比喻。

从未有人走过的路，并不意味着没有路。

如今，中国已成为世界第二大经济体，7亿多人口摆脱贫困，人均国内生产总值超过8000美元，用几十年时间走完发达国家几百年走过的发展历程……这充分说明，中国人民走在正确的道路上。

一国民主政治制度的确立与发展，必须根植于本国的历史文化传统，必须立足现实国情，同时借鉴人类政治文明的有益成果。

"要坚持中国特色社会主义道路自信、理论自信、制度自信、文化自信。"与世界共享发展成果，与不同民族、不同文明间互学互鉴的同时，"中国式民主"的信心更加坚定。

如何为人类民主政治发展注入更多选择，中国的回答更加响亮——

"我们的工作将写在人类的历史上。"1949年，毛泽东同志在全国政协第一届全体会议开幕时的致辞，翻开中国民主政治发展史上新的一页。

"中国共产党人和中国人民完全有信心为人类对更好社会制度的探索提供中国方案。"60多年后，习近平总书记在庆祝中国共产党成立95周年大会上的庄严宣示，开启中国特色社会主义民主政治更加辉煌的华章。

民主的高度，决定着一个国家将能达到的高度。

行进在复兴征程上的中国，必将以不断完善和发展的民主政治制度，开创人类社会进步的道路，书写人类政治文明的新篇章！

（新华社北京2017年3月9日）

从基层人大代表履职看"中国式民主"活力

在"中国式民主"的相册中,有这样一个平凡而又特殊的群体:

他们在你我身边,不见经传、朴实无华;他们在最高政治殿堂,不忘初心、真诚建言。

他们的故事,拼接成亿万人民的真实生活;他们的履职,道出寻常百姓的期盼诉求。

他们,是日益活跃在全国两会的基层人大代表,仿佛春风拂过的劲草,扎根"中国式民主"的大地,迸发出生生不息的力量。

见证"中国式民主"的真谛

——他们丰富变化的构成,是人民民主在中国大地根深叶茂的写照

刚办完退休手续一个月,50岁的虞纯就又一次收拾好行囊,从杭州来到北京。

虞纯是十二届全国人大代表,也是全国劳动模范。她已经开了21年的公交车,安全行驶的里程可绕地球近20圈。

"一个人代表几十万人,我的工作很重要!"这就是虞纯对人大代表的最直观理解。

与西方不少议会由权贵精英组成不同，中国的人大代表来自五湖四海、各行各业。根据选举法，中国城乡按相同人口比例选举全国人大代表。包括虞纯在内的近3000名第十二届全国人大代表中的多数，就是按城乡约每67万人分配1个名额的比例选举出来的。

来自基层的全国人大代表，是我们身边最平常的人。经年累月，他们在广袤的农田辛勤劳作，在喧闹的社区服务后勤，在火热的厂房加班加点。春暖花开，他们风尘仆仆、汇聚而来，走进人民大会堂万人大礼堂，代表人民行使庄严的权力。

从1954年第一届全国人民代表大会第一次会议召开那一刻起，他们就成为人类政治史上最独特的一道风景。

那年那一刻的中南海怀仁堂里，工业战线的劳模王崇伦、农业战线的劳模李顺达、年龄最大的老人齐白石、年龄最小的女工郝建秀……实际到会的1210名全国人大代表齐聚一堂，经投票表决，全票通过了《中华人民共和国宪法》，人民代表大会制度作为我国的根本政治制度得以正式确立。

岁月见证，民主的种子一旦播撒，就在中国的大地根深叶茂。

时代变迁，随着社会结构而丰富变化着的代表构成，不断迸发出民主的活力。

1988年，来自律师界的全国人大代表首次产生。那一年，中国律师队伍大约有3万人，来自安徽的王工等4名律师一同当选。他在大会会场喊出"我要发言"，连续4次即席发言，成为风云人物。

2003年，55名个体、私营企业主成为十届全国人大代表，当年全国登记的个体工商户户数达2353万户，私营企业300万户，民营经济成为国家经济的重要组成部分。

2008年1月21日，胡小燕在广东省当选为第十一届全国人大代表，成为中国第一批农民工全国人大代表。出生在四川武胜县的她，至今仍在广东打工。那一届共有3名农民工当选，他们笑言："我们代表着1.5亿人。"

2013年，8名平均年龄不到30岁的大学生村官当选全国人大代表，在他们背后，是一个新兴的群体：约30万年轻人扎根基层、服务农村。

几年前，沈阳鼓风机集团齿轮压缩机有限公司的高级工人技师徐强参加人大代表选举落选，很多人安慰他说，人家没抽你一根烟、没喝你一口酒凭啥选你？后来，他被补选为全国人大代表，他理直气壮地对当初安慰他的人说："人间正道是沧桑，我能当选就是广大选民对我的信任。"

当他把这个经历自豪地讲给习近平总书记听，总书记的话再次让这个朴实的工人心潮澎湃：有基层一线的同志当人大代表，是我国人民代表大会制度的政治优势！

第十二届全国人大代表中，来自一线的工人和农民代表延续了上一届的"升势"，达到401名，占代表总数的13.42%，其中农民工全国人大代表更是从上届的3名增加至31名。专业技术人员约占总数的20%，而党政领导干部约占总数的35%，比上届降低了近7个百分点。在近3000名代表中，少数民族代表占代表总数的13.69%，全国55个少数民族都有本民族的代表。

从律师、农民工到大学生村官、创业者，全国人大代表中不断涌现着来自基层的新面孔。他们在中国政治议事最高殿堂从无到有、由少而多的过程，正是中国民主与时俱进的缩影。

改变的，是他们的称谓。不变的，是他们身后，人民的信任。

"我是经过层层选拔才当选为全国人大代表的。全国近 3000 名人大代表人人身后都有人民的寄希和重托,我们既有荣耀,更有责任。"已有 35 年执业经历的律师李大进对人大代表这个身份格外珍视:"每个代表的好建议被采纳叫发挥作用。更重要的是在平时,代表要做该做的事情,说该说的话,想该想的问题。这样才不会辜负这个称谓。"

坐在人民大会堂万人礼堂,88 岁的申纪兰代表依旧腰板挺直。

半个多世纪,弹指一挥间。从她第一次骑毛驴到长治县,坐敞篷车辗转到太原,再转火车到北京参会,人民代表大会制度已经走过了 60 多个年头。

"无论高低贵贱,一人一票,人民当家作主。"这就是申纪兰亲身见证并深深感受到的民主真谛。

彰显"中国式民主"的优势
——他们的履职故事,就是"人民当家作主"的生动实践

"我带来一条建议,就带回一条路,村民们都盼着我再为他们说说话。"全国人大代表冼润霞是广州市增城区石滩镇红花地村的大学生村官。3 年前,习近平总书记到冼润霞所在的广东团与代表们一起审议政府工作报告。

既"亲切",又"激动",第一次当面见到总书记的冼润霞记得,"当时自己的声音有些颤抖",向总书记说出了村民们的心声:"孩子们上学太危险,希望国家能帮我们修条路。"

她和村民们没想到,一条 3.2 公里长、6 米宽的"上学路"半年多就修到了家门口。

"今年来北京前,村民们找上我,请我把感谢带上来。大家说,希

望国家出台政策,吸引更多年轻人到农村,让他们愿意来、留得住。"她说。

通过基层人大代表的代言,百姓生活的小事就变成了国家关注的大事;通过他们的耕耘,民主的"好处"悄悄植入人民的心田。

全国政协委员、天津财经大学法学院教授侯欣一说,西方一些国家的民主是职业政治家的民主,而我国的基层人大代表都来自第一线,平时生活工作在群众中间,能及时听取群众呼声,并通过建议、议案,使群众反映的问题得到解决,这就是"中国式民主"的独特魅力。

"在学校首先看校舍、看食堂。校舍看管理,食堂看生活。"几年下来,潘成英代表总结了一套基层学校的"调研心得"。

发现新情况后,她会扩大走访范围,最后形成意见建议。"有时候为了完成一个建议,要跑好几个县,过去一年就跑了一百多所学校。"

潘成英出生在大凉山腹地,懂得山里娃渴求知识、走出大山的渴望。经过多年努力,她在山区较早创办彝汉双语、英汉双语幼儿园,一直在为改善民族地区的学前教育和交通运输状况奔走呼吁。

如今,"一村一幼"计划已在大凉山全面铺开。在凉山州甘洛县,增停了三列火车。今年全国两会,她又继续提出关于加快发展寄宿制教育的建议。

"听民意、写建议、看落实,这是人民代表应尽之责。"潘成英说:"我和每个大凉山人,都在推动社会进步。"

因为代表着父老乡亲,他们为人民利益鼓与呼;因为深知人民的冷暖,他们始终讲真话、述实情。

发现水质急剧恶化的危机,周潮洪代表连续4年提出加强引滦入津水源地潘大水库保护的建议;心疼村民们因病返贫、因病致贫,马玉花代表多年连续提出加强基层医疗队伍建设;看到农村老人带孩子"光知道娇不知道教",马文芳代表呼吁完善农村留守儿童关怀教育机制;知道农民"最缺啥",张全收代表建议政府加大投入建立健全农民工职业技能培训网络;调查的 11 个养老院只有一个"没臭味",杜庆申代表建议有条件的行政村都应办起养老院……

为了让大多数没有经验的基层代表能够具有相应的履职能力,每一位代表都要经历严格的培训和锻炼。

"最开始拿到厚厚的'国家账本'时我心里挺发怵的,审议预算报告时也不知道该说什么。"来自农民工群体的朱雪芹代表说,"经过培训学习,我现在已经能很快找到报告中与农民工、农业和农村相关的数据,发表的意见和写出的建议也不再是外行话。"

关切民生的痛点难点,聚焦改革的热点焦点,越来越成为基层人大代表发声的重点。福建省人大常委会研究室主任徐平说,从近年基层人大代表所提的建议和议案来看,他们的履职能力在不断提高,视野不断拓宽,反映的问题更具普遍性,提出的建议更具可操作性,"中国式民主"的智慧不断闪光,"人民当家作主"的质量日益提升。

为了能把"有分量"的建议带到北京,有的代表牺牲了全年节假日,有的代表自己掏钱搞调研,有的代表硬是走坏了很多双鞋……

"我们就是一个小'桥梁',用脚调研,用心建言,把农民的声音、农村的问题传递出去,让政策制定有所依据,让农民兄弟从中受益。"建议提高涉农保险额度的范海涛代表说。

民意所向,民主所在。基层人大代表从人民中来,到人民中去。他们所到之处,留下了民主坚实的脚印。

他们的调研,深入社会的肌理;他们的声音,饱含时代的热度;他们的履职故事,就是"人民当家作主"的生动实践。

激扬"中国式民主"的力量
——他们带着人民的热盼，积聚点滴的火光，汇入中国梦的光明与希望

"我们通过近一年的努力，到去年12月25日，32户首批易地搬迁的人家全部入住新屋，家家户户贴起对联，过了个开心年！"在湖南代表团的小组审议中，向平华话音未落，激起一片掌声。

大家清晰记得，2016年3月8日上午，习近平总书记来了。当时，张家界市慈利县龙潭河镇党委书记向平华就精准扶贫发表了意见，"总书记跟我们一一握手。我说：总书记讲话我都认真记下来了。2020年要全面脱贫，残疾人、家里因病致穷的人怎么办啊？总书记一句话就讲了，要对特困人员实行供养机制。"

牢记习近平总书记"打赢这场硬仗"的嘱托，向平华回到家乡，就争取资金，兴建学校，实施易地搬迁扶贫。经农户签字同意，实行统筹统建，打造民族特色街，让农户"搬得出，稳得住、能致富"，让乡亲们的日子越过越红火。

上下互通、同频共振。通过人民代表大会这个畅通无阻的民主平台，国家的意志、代表的工作和人民的意愿构成良性的循环，将民主的营养不断输送到社会的每个细胞。

今年春节期间，47岁的薛海英代表再次得到环卫工友们的拍手称赞。在她的持续推动下，天津市出台了一系列更为严格的烟花爆竹安全管理举措，而她所工作的区域在今年春节期间，已接近于"零排放"。

过去，每年除夕过后，薛海英和工友们都要花费多出一倍的时间清扫烟花爆竹燃放后的废物，而且居民因燃放烟花爆竹受伤的事件也时有

发生。在大家鼓励下，薛海英连续几年提交了关于进一步限制燃放烟花爆竹的建议。

第一年参会时，薛海英压力很大，"晚上睡不着，瘦了好几斤"。通过参加培训和向其他代表"取经"，她的调研越来越深入，提出的加快推进垃圾分类处理、促进农民工"市民化"等建议越来越有针对性。

今年政府工作报告出现了"支持农民工在城镇购房"的表述，薛海英立刻把这个好消息告诉了大家。

从陌生到熟悉，从生涩到自信，一个个基层人大代表从"江湖之远"走入"庙堂之高"，在国家发展、社会进步的年轮中，留下自己的印记，贡献自己的力量。

对于北京西三环附近居民区的保安朱良玉来说，国家的法律与规划似乎与他"相距甚远"。然而，他没想到，当选全国人大代表后，他关于设立袭警罪的建议被写入了刑法修正案（九）；他关于重视保安服务业的建议被列入国家纲要实施细则；国务院印发《关于加强农村留守儿童关爱保护工作的意见》中，也有他和代表们共同的声音。

从提建议"胆子小"到牵头写议案，从只了解自己"那一方水土"到谈得出"一番国家战略"……跨越千山万水，一个个走向国家政治舞台中央的"小人物"，带来的是一个个改变中国的大变化。

从警20多年后到企业任职的全国人大代表陈伟才，依然保持着很强的"警色"：连续7年"盯住"电信诈骗犯罪，从手机实名制到买卖信用卡入刑，再到转账延时到账，建言不断。

代表们的坚持，终成正果。2016年9月，全国手机用户一律实名制，逾期不实名认证的被停用；12月，央行明确ATM转账延迟24小时到账，一系列打击电信诈骗的有力举措相继推出。

"一份建议就可能变成法律条文,也可能影响数以亿计的财政资金的拨付,所以说,基层人大代表的每条建议都重千钧,怎么重视都不为过。"连任三届全国人大代表、《广州律师》杂志主编陈舒说。

他们播下民意的种子,收获民主的果实。今年的全国人大常委会工作报告显示,十二届全国人大四次会议主席团交付有关专门委员会审议的462件代表议案,已全部完成审议工作;代表提出的8609件建议、批评和意见已全部办理完毕,建议所提问题得到解决或者计划逐步解决的占80.6%。

全国人大代表、广东省知识界人士联谊会会长朱列玉说,人大制度提供了行使权力、履职尽职的平台,为了国家富强、人民幸福这一共同目标,建设性地提出问题和建议,我们这个制度平台"能干事,干成事,干好事"。

新加坡国立大学东亚研究所所长郑永年认为,在中国,执政党通过开放机制,代表最广大人民的根本利益,拥有最广泛的社会基础。中国民主有更广泛的参与,包括基层的参与。

聚沙成塔,涓流汇海。"中国式民主"的伟力,就在于唤起了亿万人民。

忆往昔,当人大代表骑驴赶马、辗转进京、一路浩荡,有人疑惑:民主这个舶来品移植到新中国的土地上,会开出怎样的花?结出怎样的果?

看今朝,当人大代表带着发展的成果与时代的梦想齐聚一堂,有人惊叹:民主已在这片土地的滋养下长成参天大树,以繁茂的绿荫护佑人民。

60多年前,人民代表大会制度的诞生宣告浓墨重彩:"我们正在前进。我们正在做我们的前人从来没有做过的极其光荣伟大的事业。我们的目的一定要达到。我们的目的一定能够达到。"

现在,习近平总书记的深刻论断,昭示"中国式民主"图景锦绣:"人民民主是社会主义的生命。没有民主就没有社会主义,就没有社会主义的现代化,就没有中华民族伟大复兴。"

历史由人民创造!未来在人民手中!

(新华社北京2017年3月12日)

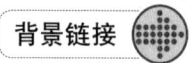

鉴往知来 旗帜鲜明反对历史虚无主义
——专访中央党史研究室主任曲青山

一段时期以来,历史虚无主义作为一种社会思潮尤其是政治思潮在一些领域沉渣泛起,产生了较大的负面影响。历史虚无主义的本质和要害是什么?具体有哪些表现和危害?如何抵制和反对历史虚无主义?记者就有关问题专访了中央党史研究室主任曲青山。

问:请您从历史的角度回顾一下,我们党是怎样提出反对历史虚无主义这个重大课题的?

曲青山:历史是一个民族、一个国家形成发展及其盛衰兴亡的真实记录,是一个民族、一个国家安身立命的基础。党史、国史作为意识形态领域的主阵地之一,是国内外敌对势力攻击和丑化我们党和国家的重要"由头",党史、国史上许多重大、敏感问题容易成为他们宣扬历史虚无主义,实施西化、分化图谋的借口。

旗帜鲜明地反对历史虚无主义,是我们党为维护自身历史、巩固意识形态领导权、巩固国家政治安全而提出的重大课题。毛泽东同志指出:"我们是马克思主义的历史主义者,我们不应当割断历史。从孔夫子到孙中山,我们应当给以总结,承继这一份珍贵的遗产。"这表明了中国共产党人对待民族、国家历史及优秀传统文化的基本态度。邓小平同志主持起草《关于建国以来党的若干历史问题的决议》时，科学客观评价党的历史和党的领袖，展示了我们党反对历史虚无主义的鲜明态度。江泽民同志指出："资产阶级自由化思潮的泛滥，资产阶级的'民主、自由、人权'口号的蛊惑，利己主义、拜金主义、民族虚无主义和历史虚无主义的滋长，严重侵蚀党的肌体，把党内一些人的思想搞得相当混乱。"旗帜鲜明地提出必须警惕和反对历史虚无主义。胡锦涛同志高度重视党史、国史问题，强调"正确地对待历史，善于总结经验，这是一个郑重的马克思主义政党成熟的重要标志"。党的十八大以来，习近平总书记适应意识形态斗争新要求，发表一系列重要讲话，深刻阐述了历史虚无主义的本质和表现、目的和危害，强调"要警惕和抵制历史虚无主义的影响，坚决抵制、反对党史问题上存在的错误观点和错误倾向"。这为反对历史虚无主义指明了方向。

问：历史虚无主义有时披着学术的外衣，有时打着娱乐放松的幌子，具有很大的欺骗性，容易使人不知不觉掉入它的圈套。历史虚无主义的本质和要害到底是什么呢？

曲青山：历史虚无主义确实具有极大的欺骗性、迷惑性。改革开放以来，一些人打着"解放思想""反思历史""范式转换""还原真相"等旗号，以主观代替客观、以细节代替整体、以臆想代替史实，肆意肢解、歪曲历史，混淆视听、迷惑大众。

历史虚无主义的本质，就是以所谓"重新评价"为名，歪曲近现代中国革命历史、党史、国史、军史。历史虚无主义并非一个学术流派或一种学术观点，它带有强烈政治倾向和政治意图，本质上是一种政治思潮。历史虚无主义以历史唯心主义为理论基础，用孤立、片面、曲解的方法分析、观察历史，虚化事实，否定历史的客观性，随意歪曲历史真相；

虚化规律，否定客观存在的历史真理，否认历史发展的连续性和大趋势；虚化价值，否认历史的育人功能，解构主流价值观。

历史虚无主义的要害，就是拿中国革命史、新中国历史来做文章，竭尽攻击、丑化、污蔑之能事，否定马克思主义指导地位和中国走向社会主义的历史必然性，否定中国共产党的领导，企图搞乱人心，煽动推翻中国共产党的领导和我国社会主义制度。

问： 历史虚无主义的本质和要害使我们看到了意识形态斗争的尖锐性和复杂性。历史虚无主义具体有哪些表现和危害呢？

曲青山： 历史虚无主义否定革命，宣传中国共产党领导反帝反封建的革命"只起破坏作用"；否定中国选择社会主义道路的历史必然性，称是"误入歧途"；宣称经济文化落后的中国没有资格搞社会主义，新中国成立后搞的是"小资产阶级的空想社会主义"；把党的历史说成是"一系列错误的延续"；否定已有定论的历史事件和历史人物，贬损革命前辈，诋毁党的领袖，抹黑英雄模范。概括地说，历史虚无主义的具体表现及危害主要有以下几个方面：

第一，通过否定党和人民奋斗的历史，否定党的领导和执政的必然性、合法性。有人不顾中国革命和中国历史的特殊性，抛开具体历史背景和客观条件，质疑党在革命和建设中的重要作用；有人以党在历史发展过程中出现曲折错误而否定党的全部历史；有人否定党和人民在长期奋斗历史中形成的优良传统和作风等。党的历史与党的执政地位息息相关，否定党的历史最直接的结果就是否定党的执政地位，其后果不堪设想。

第二，通过否定党的领袖及其思想结晶，从根本上动摇党和人民团结奋斗的思想基础和民族精神支柱。一些别有用心者拿毛泽东晚年错误做文章，对毛泽东和毛泽东思想肆意抹黑、彻底否定。这实际是从根基上抹杀我们党、人民共和国、人民军队、中国特色社会主义制度存在发展的必然性，也否定了作为毛泽东思想新发展的中国特色社会主义理论体系。

第三，通过否定党带领人民选择的自己的道路，否定中国特色社会主义。党带领人民坚持走中国自己的道路，创造了辉煌业绩，但也遭到敌对势力的诋毁。历史虚无主义否定中国在社会主义条件下可以实现现代化，认为中国改革开放就是"补上资本主义这一课"，其用意就是要否定中国特色社会主义道路的历史必然性。历史虚无主义割裂历史，将新中国的历史分为改革开放前后两个历史时期并互相否定，人为制造矛盾、制造混乱。这些错误言论不仅违背历史事实，也违背中国基本国情和人民基本诉求，是想将中国带上歧路。

"灭人之国，必先去其史。"历史虚无主义的危害古人已经说得很清楚了。在现当代也不是没有前车之鉴，苏联解体的灰烬余温仍在。如任由这种历史虚无主义滋长蔓延，我们就可能步其后尘，不仅党的执政地位要丢失，近代以来中国人民接续奋斗积累的成就也会毁于一旦，中华民族伟大复兴的历史进程也会被迫中断。对历史虚无主义的具体表现和危害性，我们要有清醒认识。

问：根据您的介绍，历史虚无主义危害严重。那么，对待历史虚无主义，应该采取什么样的态度呢？

曲青山：对待历史虚无主义的态度，一是必须警惕历史虚无主义的影响，二是旗帜鲜明地予以批驳。我们要认真学习习近平总书记关于党史和党史工作特别是反对历史虚无主义的重要论述，旗帜鲜明地反对历史虚无主义，坚决捍卫党的历史。

对待历史虚无主义的正确态度，最根本的是运用历史唯物主义的历史观和方法论，坚持实事求是，具体问题具体分析。要旗帜鲜明地加以抵制和反对，敢于亮剑，增强党史认同。一方面，思想宣传部门以及历史工作者、研究者，对历史虚无主义所攻击的党史、国史、军史重大问题，要提高回应反击力度和及时性，防止错误思潮被过度热炒，造成不良社会影响；要深化对一些党史热点难点问题的研究，加大宣传教育力度，牢牢掌握党史舆论主动权、主导权。另一方面，广大党员干部和普通民众，要提高政治敏锐性和政治判断力，深刻认识历史虚无主义的本质和要害，不要被一些标新立异的观点所迷惑，人云亦云、随意跟风，助长历史虚无主义的歪风，要将思想和行动凝聚到不断推进中国特色社会主义伟大事业和实现中华民族伟大复兴中国梦上来。

正如习近平总书记所指出的："当今世界，要说哪个政党、哪个国家、哪个民族能够自信的话，那中国共产党、中华人民共和国、中华民族是最有理由自信的。"我们要坚定道路自信、理论自信、制度自信、文化自信，理直气壮、旗帜鲜明地反对历史虚无主义。

问：我们认清了历史虚无主义的本质和要害，也了解了其主要表现和危害，那么怎样将对历史虚无主义的正确态度落到实处，贯彻到工作生活当中，怎样抵制和反对历史虚无主义呢？

曲青山：习近平总书记指出，历史、现实、未来是相通的。历史是过去的现实，现实是未来的历史。

只有正确地认识历史，才能正确地认识现实，并以史为鉴，鉴往知来，创造更加美好的明天。抵制和反对历史虚无主义是一场严肃的政治斗争，关系着党的领导和社会主义国家政权安全，必须高度重视。

一是坚持用唯物史观认识和记述历史，把历史结论建立在翔实准确的史料支撑和深入细致研究分析的基础上。这是抵制和反对历史虚无主义的根本途径和方法。具体来说，要着重把握客观性原则、历史主义原则、历史辩证法、历史整体研究原则等几个基本原则。

二是坚定政治立场，增强政治定力，严守政治纪律和政治规矩。这是抵制和反对历史虚无主义的基本要求。具体来说，就是要牢牢把握历史发展的主题和主线，深刻揭示历史发展的主流和本质；坚持中国特色社会主义的立场和维护党、国家、民族团结的立场。

三是把正确认识历史、客观评价历史、科学研究历史纳入制度化、法治化轨道。《中国共产党纪律处分条例》已经将"诋毁、诬蔑党和国家领导人""歪曲党史、军史"列为严重违反党的纪律的行为。《关于新形势下党内政治生活的若干准则》也明确规定，对歪曲、丑化、否定党的历史、中华人民共和国历史、人民军队历史的言行，对歪曲、丑化、否定党的领袖和英雄模范的言行，对一切违背、歪曲、否定党的基本路线的言行，必须旗帜鲜明反对和抵制。2016年10月，最高人民法院发布5个人民法院依法保护"狼牙山五壮士"等英雄人物人格权益典型案例，这是用法律手段反对历史虚无主义的重要举措。

四是坚持原则，注意方法。要坚持"正面应对为主、更加积极主动"的方针，在正面应对歪曲丑化党的历史的错误观点和错误倾向的同时，更加积极地应对，主动设置议题，积极大胆发声，驳斥错误言论，澄清历史事实，引导舆论方向。要坚持"精准应对、务求实效"的方针，在收集、梳理歪曲攻击党的历史的主要错误观点的基础上，更加精准地应对，坚持从实际出发，把政治问题与学术问题和思想认识问题分开，根据不同问题，采取不同措施。要坚持"组织起来、形成合力"的方针，树立大宣传的工作理念，动员各条战线各个部门，发动社会各方面力量，形成应对反击历史虚无主义的合力,实现效果最大化。

习近平总书记强调:"历史是最好的教科书,也是最好的清醒剂","对我们共产党人来说,中国革命历史是最好的营养剂","学习党史、国史,是坚持和发展中国特色社会主义、把党和国家各项事业继续推向前进的必修课。"中央党史研究室和全国党史系统,将按照党的两个历史决议精神,把坚持正确的政治方向贯彻到党史工作的方方面面,在总结运用党史的基础上,以深化党史研究为基础,开展多种形式的党史宣传教育,旗帜鲜明地与历史虚无主义做坚决斗争,更好地发挥党史以史鉴今、资政育人的作用,为迎接党的十九大胜利召开提供良好的舆论氛围,为实现"两个一百年"奋斗目标和实现中华民族伟大复兴中国梦作出自己的贡献。

(新华社北京 2017 年 7 月 3 日)

第四章

破解"司法之难"

> 改革纵览

党的十八大以来我国司法机关以改革促公开综述

公平正义不仅要实现，更要"以看得见的方式"实现。

司法公开，是衡量一国法治水平的重要标尺，更是法治中国建设的题中应有之义。党的十八大以来，我国司法机关以改革为动力，以信息技术为支撑，着力构建起开放、动态、透明、便民的"阳光司法"机制，让越来越多的人共享"阳光司法"的温暖。

公开促公正，提升司法公信力

近日，社会各界高度关注的"于欢案"二审在山东省高级人民法院开庭并宣判。山东高院通过微博对庭审以及宣判进行了全程直播，大量庭审细节、案件关键信息第一时间通过网络清晰呈现在人们面前。

"通过公开的庭审，让我们在每一个司法案件中都感受到公平正义，这就是公开的意义。"一名网友评论说。

案件流程信息公开，是司法公开的关键。曾几何时，案件的审理进程只有经办法官和书记员才清楚，当事人只能想方设法托人打听。随着"中国审判流程信息公开网"2014年8月投入运行，这一现象正在成为历史。

健全审判流程、庭审活动、裁判文书、执行信息公开……截至目前，中国裁判文书网已公开裁判文书超过 3000 万份，访问量接近 100 亿人次，覆盖 210 多个国家和地区，成为全球最有影响的裁判文书网。

检察机关全面应用案件信息公开网，已发布案件程序性信息 549 万余条、法律文书 201 万余份、重要案件信息 25 万余条、法律文书 201 万余份。

司法部门深化狱务公开，依法向社会公开减刑、假释、暂予监外执行的法定条件、程序和结果。

公安部门在 25 个省区市建立运行统一的执法公开平台，15 个省区市实现了行政处罚决定文书网上公开，13 个省区市实现了行政复议决定文书网上公开，网上轻轻一点，就能获知案件处理的流程信息。

"让大家切身感受到司法过程及其结果的公正，有效提升了司法的公信力。"最高人民法院常务副院长沈德咏说，这不仅推动了司法作风的转变，有效遏制和预防司法腐败，也促进了全社会法治观念的增强，促进形成自觉守法和依法办事的法治环境。

阳光司法，最好的"法治公开课"

信息时代，人人都有麦克风，个个都带摄像机。在法治建设飞速发展的今天，传统的司法信息"上传下达"方式，早已不能满足人民群众的需求。

2016 年 10 月起，最高人民法院启动为期一年的"向执行难全面宣战"大型网络互动直播活动。媒体记者随执法人员一同走进执行现场，在线直播法官与失信被执行人"过招"，引来大量网友纷纷点赞。

"直播的形式对被执行人来说，是一种极大的震慑；对公众来说，也是一次普法宣传教育。"全国律协副会长张学兵说。

近年来，司法机关借力信息技术的高速发展，通过人民群众喜闻乐见的科技手段，直观展示司法人员工作的真实状态。

自去年7月1日起，最高法所有公开开庭的案件都上网直播，各级法院直播庭审超过60万次，观看量超过20亿人次。

检察机关建立案件信息公开微信平台，主动向当事人及律师推送案件进展情况，实现从单向宣告向双向互动转变。

公安部门推行公开处理群众评议制度，把群众评议作为案件处理的重要参与，让群众有话说；实行执法办案全过程解释告知制度，在执法的每个环节都向当事人解释告知，让当事人心服口服。

天津财经大学法学院教授侯欣一说，"阳光司法"提高了公众对司法的关注和认知程度以及当事人对司法活动的参与程度，是维护司法公正和提高司法公信的力量源泉。

不少法学专家认为，人民群众与司法"零距离"接触，有利于倒逼司法人员提高工作能力、规范履职行为，也有利于增强公众对司法的认识和理解，在全社会树立法律权威和法治信仰。

公开透明，打开司法便民"大门"

登陆"资中法院"网站，点击"网上诉讼服务中心"，填写立案申请，提交电子诉讼材料……四川律师王浩只花了几分钟时间，便在网上完成了一起民事诉讼的立案申请。

唯有公开透明，才能为群众打开司法便民的"大门"。

如今，全国各地法院基本都已建成诉讼服务大厅，超过2000家法院运行诉讼服务网。大厅、网络、热线"三位一体"，人民法院正努力把诉讼服务中心打造成为司法为民便民的响亮品牌。

为群众提供"一站式"服务的检察服务大厅建设全面推开。各省区市检察机关在"同一平台"上,按照"同一标准""同一程序"为群众提供案件信息公开服务。

信息化,是司法公开的必由之路,更是助推司法便民的关键一招。让数据和信息多跑路,让群众少跑腿。在信息化时代,新科技手段可以更好推动司法为民、司法便民。

随着"智慧法院"的加速建设,实现全业务网上办理,做到全流程依法公开,提供全方位智能服务的"网络化""阳光化""智能化"法院正在逐渐成为现实。

检察机关着力打造"智慧检务",发挥大数据技术在智能检索、类案推送、辅助定罪量刑、绩效管理中的作用,推动检察信息化建设从"服务管理为主"向"服务管理和办案并重"转变。

人民群众的司法需求,就是司法机关改革创新的不竭动力。专家认为,在推进全面依法治国进程中,司法机关将进一步创新体制机制,推出更加透明、更加便民的"阳光司法"新举措,让司法公正体现在每一起具体案件中,更体现在当事人和人民群众的切身感受中。

(新华社北京 2017 年 7 月 19 日)

>深度解读>

司法为民：破解"司法之难"你有几多获得感

2016年末，最高人民法院第三、第四、第五、第六巡回法庭在南京、郑州、重庆、西安相继挂牌成立。至此，最高法院巡回法庭总体布局正式完成，"家门口的最高法院"覆盖全国。

司法为民，人民群众的司法需求发展到哪里，司法服务就要跟进到哪里。党的十八届四中全会明确提出，"坚持人民司法为人民，依靠人民推进公正司法，通过公正司法维护人民权益。"这一要求，指引着司法体制改革的方向。

破解"司法之难"，围绕群众关切开展司法工作

"门难进""脸难看""人难找""事难办"，过去一提起打官司，老百姓往往会联想到这"四难"。

2015年5月1日，全国法院全面实施立案登记制，人民法院依法应当受理的案件，要求有案必立、有诉必理。由审查制变为登记制，新制度推出后，人民法院立案率不断提升。最高法院数据显示，2016年，全国法院当场登记立案率超过95%。

舆论普遍认为，立案登记制改革以来，司法对诉权的保障更加彻底，长期以来困扰人民群众诉权行使的"立案难"问题得到根本缓解，群众的诉讼权益得到更好保障。

民之所盼，施政所向。党的十八大以来，政法机关坚持问题导向，紧紧围绕人民群众关切开展司法工作，着力提高司法公信力，让百姓成为改革最大受益者。

用两到三年时间基本解决执行难。最高法院近年来对欠债不还的失信被执行人频频发力整治。据统计，2016年，全国各级法院采取限制消费等信用惩戒措施834.6万人次，70.7万名失信被执行人慑于信用惩戒主动履行了义务，实际执行到位金额超过1万亿元。

为保护社会公共利益和国家利益提起公益诉讼。检察机关从2015年7月1日开始开展公益诉讼试点两年间，共办理公益诉讼案件9053件，从源头上推动解决了群众反映强烈、对生产生活影响严重的环境保护、食品药品安全等"老大难"问题，为国家挽回直接经济损失89亿余元。

公安机关也推出了户籍制度、居住证制度、异地挂失补办身份证、方便群众办事创业等一大批带有标志性意义的"放管服"改革措施，激发了社会创造活力。

推进"智慧司法"，积极探索司法为民有效形式

在成都市武侯区人民法院，宽敞明亮的诉讼服务中心大厅内，LED显示屏幕上滚动播放着各窗口的工作职责和流程。导诉台上摆放着常用药品、老花镜。十多个工作窗口井然有序，涵盖了诉调对接、评估拍卖、财产保全、公告鉴定、文书送达、材料收转、法官约谈、投诉建议等办理内容。

为了不断满足人民群众日益增长的多元司法需求，在推进司法体制改革进程中,政法机关不断积极探索新形势下司法为民的有效形式。

我国法院正加快推进"智慧法院"建设,全国3520个法院、9238个人民法庭和39个海事法院派出法庭已实现"一张网",以"智审"系统为代表的一批智能化辅助办案系统在辅助法官办案、方便当事人诉讼和服务党委政府决策等方面发挥了重要作用。

在破解"执行难"方面,利用信息系统对失信被执行人实施联合信用惩戒,全国法院已限制695万人次购买机票、260万人次购买动车、高铁票。

"智慧法院绝不仅限于建设了一些网络设施、应用了一批业务系统、提供了几种智能服务。"最高法审委会专职委员刘贵祥说,"更在于利用先进的网络信息技术推动整个法院审判执行方式的全局性变革,借助人工智能技术极大地辅助法官和办案人员提高公正司法和司法为民质效。"

与此同时,全国检察机关基本建成远程视频接访系统,相隔千里"面对面"接访成为现实。数据显示,2016年,全国检察机关开展远程视频接访1万余件次,同比增长近5倍。

"一些地方已实现应用常态化,让数据多跑路、群众少跑腿,极大地方便了群众。"最高检控告检察厅厅长宫鸣说。

提升"获得感",让百姓成为改革最大受益者

打开手机"百度地图",点击"百度检察地图"中的"检察官徽章(检徽)"标志,全国四级检察机关3000多个检察院的精准定位、职能介绍、联系电话、举报电话即可一目了然。

今年3月,最高人民检察院联合百度地图推出了这一创新举措,使

检务公开有了新平台，方便了人民群众，提升了人民群众对检察工作的"获得感"。

小举措连着大民心。在深化司法体制改革进程中，司法机关把司法为民作为根本出发点和落脚点，深入推进司法公开、便利群众诉讼、维护当事人合法权益各项工作机制改革。

2016年1月1日，《居住证暂行条例》正式施行。作为深化户籍制度改革的重要举措，居住证制度让没有就业和居住所在地户口的转移人口，能享受所在地区的义务教育、基本公共就业、基本公共卫生服务等福利，也为这部分群体打开了落户的通道。

居民身份证异地受理、出入境证件手续进一步简化、跨省异地缴纳交通违法罚款更加便捷……一批简政放权便民政策，让群众办事更舒心。

不让贫困群体打不起官司。十八大以来，我国法律援助工作取得长足发展。据统计，2013年以来全国办理法律援助案件数超过500万件，提供法律咨询2800余万人次。全国已有2000多个看守所设立了法律援助工作站；16个省的临街一层便民法律服务窗口建设已完成80%，"一小时法律援助服务圈"在一些地方初步形成。

全国人大代表杨梧说，司法机关查实情、出实招，展现了为民情怀，也体现了司法改革的成效，老百姓会在一个个具体的案件中感受到司法公正，看到公平正义的阳光。

（新华社北京2017年7月8日）

司法为民让公平正义深入人心

一个公平正义的法治社会,是人民安居乐业的重要保障。党的十八大以来,法治中国建设不断向纵深推进,公民权利保障体系愈加完善,公平正义的阳光正照亮社会生活的方方面面。

给民安心,织就公平正义的法治体系

从刑法修正案(九)从严惩处买卖人口犯罪,到"作弊入刑"保障考试公平,愈加完善的法治,让守法者更安心,让对违法者的惩处更有力。

"不管多晚,我们镇的居民出门走亲戚都不锁门,因为夜里有治安民警来村里巡逻。"说起"不关门小镇"的称号,在福建省龙岩市古田镇开杂货铺的黄锦文十分自豪。

以人民群众的现实需求为导向,平安中国的蓝图正逐步拓展。

2015年4月,中办、国办印发《关于加强社会治安防控体系建设的意见》,建立立体化、信息化的社会治安防控体系。两年多来,各地因地制宜探索实践,给人民群众提供了全方位的安全保护。据统计,截至2016年底,全国八类严重暴力犯罪案件比2012年下降42.7%,人民安全感连年保持在90%以上。

群众关注什么问题,就集中整治什么问题。针对人民群众反映强烈的电信诈骗、校园暴力、突出难点问题，政法部门密集出台措施，集中清理整治。

2016年，最高法、最高检、公安部共同出台进一步防范和打击电信网络新型违法犯罪的通告、办理电信网络诈骗等刑事案件适用法律若干问题的意见，"徐玉玉案"等62起重大典型案件被挂牌督办、7个重点地区被督导打击治理。今年5月，最高法、最高检就打击侵犯公民个人信息犯罪出台司法解释，对侵犯公民个人信息犯罪的定罪量刑标准和有关法律适用问题做出了系统性规定。

同样是2016年，教育部、最高法、最高检、公安部等9部门联合印发指导意见，要求对实施欺凌和暴力的中小学生依法依规采取适当的矫治措施；今年4月，国办再次发布意见要求建立防控校园欺凌的有效机制。统计显示，2016年全国检察机关共受理提请批准逮捕的校园涉嫌欺凌和暴力犯罪案件1988人，其中，403名教唆、组织、胁迫、引诱未成年学生实施违法犯罪的有关成年犯罪嫌疑人被批准逮捕。

与民方便，让司法过程公开透明

越是群众身边事，越能于细节处体现公平正义。

2016年5月12日，天津市民陶桂春通过自学直考，成为天津市通过该方式取得驾照的第一人。"自学直考政策特别适合我这种没有时间到驾校练车的人。"如愿拿到驾驶证的陶桂春一脸兴奋。

排队长、学车难、约考难……昔日驾考模式的诸多不足，随着自主约考、自学直考的渐次铺开正逐渐成为历史。

删繁就简、领异标新，不止于驾考改革。

打开手机"百度地图"，点击"百度检察地图"中的"检察官徽章"

标志，全国四级检察机关3000多个检察院的精准定位、职能介绍、联系电话、举报电话便尽数显示出来。这是今年3月，最高检联合百度地图推出的一个检务公开新平台。

借助现代科技手段，一批简政便民措施相继出台，让群众办事更舒心。

如今，全国法院系统"智慧法院"建设深入推进，超过2000家法院运行诉讼服务网，实现大厅、网络、热线"三位一体"的诉讼服务；全国检察机关基本建成远程视频接访系统，让相隔千里的"面对面"接访成为现实；公安部在全国开展互联网交通安全综合服务管理平台建设和推广应用工作，群众通过网页、手机APP、短信、语音电话等多种方式，可办理驾考预约、机动车年检、驾驶证审验等百余项业务。

"互联网+"的东风把执法"晒"在了阳光下，用群众监督倒逼公平公正。目前，公安部门在25省区市建立运行了统一的执法公开平台，网上轻轻一点就能获知案件处理流程；最高法所有公开开庭案件都通过网络直播，各级法院直播庭审超过60万次；检察机关案件信息公开网发布案件程序性信息549万余条、法律文书201万余份……

利民之事，丝发必兴；厉民之事，毫末必去。全面建立居民身份证异地受理工作机制，让群众不再为小身份证来回奔波；试行私家车6年内免检，政府部门与检验机构清退脱钩；推进"奇葩证明"整治，派出所停止开具亲属关系证明等18类证明；进一步优化户籍管理，去年140余万无户口人员登记上了户口……在深化司法体制改革的大背景下，政法部门大力推进"放管服"，让工作制度改革不断走向深入。

以民为本,让制度成为公平正义的坚强依靠

2017年4月10日,内蒙古自治区呼和浩特市公安局赛罕分局近80名一线民警,在呼和浩特市中级人民法院旁听了一起关于执法纠纷的庭审。这堂特殊的执法规范"培训课",是近年来公安机关推进执法规范化建设的一个缩影。

要让民众从每一起司法实践中感受到公平正义,就要把权力关进制度的笼子里。查验身份证应明确查验范围,随身携带警察证;不得强行干涉群众拍摄执法,但拍摄者要与现场保持3米以上安全距离……深化公安改革以来,公安部已对公安机关执法细则及近500项裁量基准作出修订,形成了公安执法权力和责任清单。

法治的温度,不仅体现在每一次执法行为中,也体现在对弱势群体的关怀中。十八大以来,政法机关加大力度建章立制,一边大刀阔斧改革执法权力运行机制,一边补齐目前存在的制度短板,让法治成为公平正义的坚实依靠。

长期以来,"执行难"问题严重影响着社会诚信。近年来,最高法与公安、金融等部门合作,通过健全联合信用惩戒体系、出台网络司法拍卖等涉执行司法解释和规范文件等综合措施,让司法公信力有效提升。据统计,2016年全国各级法院采取限制消费等信用惩戒措施834.6万人次,70.7万名"老赖"慑于信用惩戒主动履行了义务,实际执行到位金额超过1万亿元。

建设完备的法律服务体系,推进覆盖城乡居民的公共法律服务体系建设,是党的十八届四中全会提出的明确要求。目前,我国法律援助工作发展迅速,全国已有2000多个看守所设立了法律援助工作站,174个

"无律师县"问题全部解决,"一小时法律援助服务圈"在一些地方初步形成。

2015年7月1日,全国人大常委会授权最高检在13个省区市开展公益诉讼试点。截至2017年6月,各试点地区检察机关共办理公益诉讼案件9053件,一批群众反映强烈、对生产生活影响严重的环境保护、食品药品安全等"老大难"问题得到解决。2017年7月1日,新修订的民事诉讼法和行政诉讼法开始实施,检察机关提起公益诉讼制度正式进入法律,探索出了司法保护公益的一条中国道路。

人民司法为人民。在全面推进依法治国的征程中,各政法部门从人民最关切的问题出发,坚定不移地深化司法体制改革,让公平正义的法治理念深入人心。法治中国的新活力,正在源源不断地涌现。

(新华社北京2017年7月30日)

司法改革决战之年看公检法"大动作"

中共中央总书记、国家主席、中央军委主席习近平近日对司法体制改革作出重要指示。2017年7月11日,全国高级法院院长座谈会、大检察官研讨班、全国公安厅局长座谈会在贵阳召开,就进一步推动落实司法体制改革各项措施作出详细部署。

党的十八大以来,司法机关迎难而上推进司法体制改革,司改"四梁八柱"主体框架基本确立。在司法体制改革决战之年,公检法又将有哪些"大动作"?

新成效:攻难点、破难点,推进司法体制改革政策落地见效

鲜艳的五星红旗、嘹亮的国歌……2017年7月3日上午,最高人民法院举行了首批员额法官宪法宣誓仪式。被称为"啃下一块硬骨头"的法官、检察官员额制改革,是司法责任制改革的关键。司法责任制改革,更被视为是整个司法体制改革的"牛鼻子"。

记者从公检法三家的会议了解到,目前,全国法院首批员额法官选任工作已经完成,31个省区市和兵团检察机关分3批开展司法责任制改革试点。以审判为中心的刑事诉讼制度改革扎实推进,在更高层次上实现惩治犯罪和保障人权相统一。公安改革不断破题前行,公安机关整体战斗力和执法公信力得到有效提升。

攻难点、破难点，无疑是本轮司法体制改革最鲜明的特点。

"要全面落实司法责任制，深入推进以审判为中心的刑事诉讼制度改革，开展综合配套改革试点，提升改革整体效能。"习近平总书记的重要指示，指引司法机关继续攻坚克难。

针对目前改革中面临的新情况新问题，司法机关如何狠抓整改落实，确保各项改革落地见效？

——落实常态化员额法官遴选制度，完善员额退出机制，对入额满一年的法官要进行办案绩效考核，达不到考核标准的，一律退出员额。

——推进庭审实质化，切实提高出庭作证率和律师辩护率，推进控辩对抗实质化，逐步提高当庭宣判率。

——推进刑事速裁程序和认罪认罚从宽制度改革，实现"疑案精审""简案快审"。

——完善和规范检察官员额制，全面推行检察官办案责任制，构建权责明晰、制约有力、运行高效的检察权运行机制，真正做到"谁办案谁负责、谁决定谁负责"。

——公安部门针对公交、地铁等存在的安全风险和寄递物流、无人机、共享单车等管理中的薄弱环节，积极推动落实相关部门的监管责任和企业的主体责任。

——进一步深化公安机关执法权力运行机制改革、强化全警执法教育培训，切实做到自觉尊法学法守法用法、严格规范公正文明执法。

中国人民大学法学院教授陈卫东表示，经过本轮司法改革，一个崭新的、符合司法规律的、具有中国特色的司法制度正在形成。

"习近平总书记的重要指示，使我们更加坚定了深入推进司法改革的信心和决心,更加明确了改革的目标和方向。我们将深化司法责任制改革和以审判为中心的刑事诉讼制度改革,全面提高审判质量和效率,大力提升司法公信力。"北京市高级人民法院副院长安凤德说。

新期待:努力满足群众多元司法需求,改革持续发力

人民群众的多元司法需求,指引着司法体制改革的根本方向。

记者获悉,近年来,人民法院全面建成诉讼服务大厅、诉讼服务网、12368诉讼服务热线"三位一体"的诉讼服务中心,探索建立电子法院、网络法院、跨域立案等新模式,大力推广巡回审判,打通服务群众"最后一公里"。

为保护社会公共利益和国家利益,现在所有检察机关均可提起公益诉讼,从源头上推动解决群众反映强烈、对生产生活影响严重的环境保护、食品药品安全等"老大难"问题。

最高检民事行政检察厅厅长胡卫列表示,检察机关将抓紧抓好全面铺开公益诉讼各项工作,在司法解释中规范监督机制、完善办案规则;在办案指南中细化实体审查标准、程序操作要领,确保公益诉讼改革布局落地生根。

公安改革方面,从户籍制度改革到驾考改革,一系列"放管服"改革措施的落地大大增强了人民群众获得感。

"要统筹推进公安改革、国家安全机关改革、司法行政改革,提高维护社会大局稳定、促进社会公平正义、保障人民安居乐业的能力。"这是习近平总书记对司法体制改革提出的更高要求。

最高法提出,要严厉打击非法集资、电信网络诈骗等基层群众反映强烈的犯罪。完善消费、物业、交通事故、劳动争议、医疗卫生等领域诉调对接机制，让人民群众更加便捷地解决矛盾纠纷。加快诉讼服务中心转型升级，继续完善巡回审判工作机制，坚决打赢"基本解决执行难"这场硬仗。

"始终把实现好、维护好、发展好最广大人民的根本利益作为全部工作的出发点和落脚点，大力加强司法便民利民工作，切实提高群众工作能力，努力满足人民群众日益增长的多元司法需求。"最高人民法院常务副院长沈德咏说。

人民群众的司法需求发展到哪里，司法改革就要跟进到哪里。

坚持以办案为中心，切实发挥公益保护职能作用——检察机关将把办理公益诉讼案件作为检察机关提起公益诉讼制度的核心要求，把主要精力放在办案上，多办案、办好案，充分彰显公益诉讼制度价值。

进一步提升服务群众的能力和水平，公安改革砥砺前行——

推进各项"放管服"改革举措落实，狠抓方便群众办事创业若干措施的落实，优化营商和服务环境，年内28项措施要全部落实到位。

推进"互联网+公安政务服务"，力争到年底基本建成一体化网上政务服务平台，努力让"信息多跑路，群众少跑腿"，必须到场办理的力争实现"最多跑一次"。

进一步规范办事程序、优化服务流程，切实解决好群众反映强烈的突出问题，不断研究推出更多利民便民新举措。切实完成好年内1300万人进城落户的任务。

公安部副部长、北京市公安局局长王小洪表示，公安机关将深入推进实施"执法办案管理中心+"、派出所"两队一室"警务运行模式等改革举措，提高维护社会大局稳定、促进社会公平正义、保障人民安居乐业的能力。

新挑战：科技创新与司法改革融合，用"智慧司法"更好实现公平正义

习近平总书记强调，要遵循司法规律，把深化司法体制改革和现代科技应用结合起来，不断完善和发展中国特色社会主义司法制度。

大数据、信息化时代的司法体制改革，能否站在人类的"智慧之巅"？

答案是肯定的。近年来，上海、贵州等地司法机关在推进以审判为中心的刑事诉讼制度改革中，创造性地运用大数据、人工智能破解难题，探索了一条司法体制改革和现代科技应用融合的新路子，改变了许多传统的思想观念、工作方式，提高了管理、决策科学性。

"大数据、信息化在司法领域中应用的广度和深度，改变了传统的司法模式，成为改革的重要推动力。"武汉大学法学院教授江国华说。

"提起解决案多人少矛盾，想到的不能仅仅是'增编增人''加班加点'。"全国高级法院院长座谈会提出，要加快建设"智慧法院"，构建人力与科技深度融合的司法运行新模式。

最高检表示，检察机关将积极推动智能辅助办案系统建设，全面推进讯（询）问语音同步转录、智能辅助量刑建议、监督结果智能纠错等人工智能系统建设，推动移动终端办案系统应用。

全国公安厅局长座谈会提出，大力推进警务机制改革与现代科技应用深度融合，坚持把警务改革的动力和科技创新的活力有机结合起来，不断提升打击犯罪的能力和水平。

不久的将来，我们将感受怎样的"智慧司法"？

——法院将实现"全业务网上办理、全流程依法公开、全方位智能服务"。

——司法数据和业务应用、外部协作、诉讼服务等无缝对接，满足不同平台、不同网络、不同部门数据共享和业务协同需要。

——智能辅助办案系统提供证据审查、法律条文和案例推送、文书自动生成和校核等服务。

——数据支撑、情报引领的公安机关打击机制。针对电信网络诈骗等新型犯罪，完善研判、指挥、侦查一体化实战指挥处置机制，增强侦查打击的精确性、主动性、时效性。

——强化核心技术手段研发应用，着力提升打击犯罪的专业化水平。

……

"高科技的引入对司法效率是一个极大的提高，在司法公正方面可以取得出乎想象的成效。对今后司法机关的信息化建设运用，我充满期待。"中国人民大学法学院教授张志铭说，"'智慧司法'正在成为中国特色司法制度的一道亮丽风景线。"

（新华社贵阳2017年7月11日）

 背景链接

法治中国建设的重要基石
——中国人民大学常务副校长、中国民法学研究会会长王利明解读民法总则重要意义

民法典被誉为"社会生活的百科全书"。民法典的开篇之作——民法总则经过十二届全国人大五次会议表决通过，是中国民事立法史上的里程碑，为法治中国建设奠定法制基石。

中国人民大学常务副校长、中国民法学研究会会长王利明日前接受记者采访，对民法总则的重要意义进行解读。

立足国情饱含"中国元素"

问：您认为民法总则最大的特点是什么？它如何从中国实际出发回应中国的现实问题？

王利明：民法总则进一步提升了我国民事立法的科学化和系统化，完善了市场经济和社会生活的法律规范，贯彻了创新、协调、绿色、开放、共享的"五大发展理念"，为全面深化改革、全面依法治国奠定了坚实的制度基础。民法总则从中国实际出发，总结了改革开放以来的立法和司法实践经验，并回应当代中国的现实需要，彰显了鲜明的时代特色。

民法总则立足于中国国情，从实际出发，解决实际问题。一方面，

七个问题 让你了解民法总则草案有多重要

问题1 出手救人造成损害要不要赔偿？
因自愿实施紧急救助行为造成受助人损害的，救助人不承担民事责任。救助人因重大过失造成受助人不应有的重大损害的，承担适当的民事责任

问题2 如何保护个人信息？
自然人的个人信息受法律保护。任何组织和个人应当确保依法取得的个人信息安全，不得非法收集、使用、加工、传输个人信息，不得非法买卖、提供或者公开个人信息

问题3 民事诉讼时效能否延长？
向人民法院请求保护民事权利的诉讼时效期间为三年。法律另有规定的，依照其规定。未成年人遭受性侵害的损害赔偿请求权的诉讼时效期间，自受害人年满十八周岁之日起计算

问题4 胎儿能继承遗产吗？
涉及遗产继承、接受赠与等胎儿利益保护的，胎儿视为具有民事权利能力。但是胎儿出生时为死体的，其民事权利能力自始不存在

问题5 "熊孩子"乱买东西算不算数？
规定六周岁以上的未成年人实施民事法律行为由其法定代理人代理或者经其法定代理人同意、追认，但是可以独立实施纯获利益的民事法律行为或者与其年龄、智力相适应的民事法律行为

问题6 网游装备被盗法律管不管？
法律对数据、网络虚拟财产的保护有规定的，依照其规定

问题7 村委会到底是什么民事身份？
专门设立了"特别法人"，其中就包括农村集体经济组织法人和基层群众性自治组织法人。居民委员会、村民委员会具有基层群众性自治组织法人资格，可以从事为履行职能所需要的民事活动

新华社记者 崔莹 编制

许多制度和规则都是为了解决我国的具体问题而设计，这就使得其具有大量的"中国元素"。

例如，总则第一条开宗明义地宣告，要以弘扬社会主义核心价值观为立法目的，倡导自由、平等、公正、法治等价值理念，有助于实现民法的基本功能和目的；在"自然人"一章，将限制民事行为能力人的年龄下限降到8周岁；关于法人的分类，总结了我国既有的立法经验，采用了营利法人与非营利法人的分类方法，同时专设"特别法人"一节，对农村集体经济组织法人、基层群众性自治组织法人等作出规定，这显然也是我国既有法制经验的体现。

另一方面，民法总则反映了改革的需要，确认了非法人组织的民事主体地位，规范了多种类型的社会组织，有利于激发市场主体活力；该法明确规定"民事主体的财产权利受法律平等保护"，适应我国当前改革中强化产权保护的现实需要。

民法总则彰显了时代特色，体现了当代中国的时代特征，回应了当今社会的现实需求。例如，针对互联网和大数据等技术发展带来的侵害个人信息现象，民法总则规定了个人信息的保护规则，将有力遏制各种"人肉搜索"、非法侵入他人网络账户、贩卖个人信息、网络电信诈骗等现象。

再如，民法总则规定了绿色原则，要求从事民事活动要保护生态环境、节约资源。这一规定回应了现代社会突出的环境问题，既传承了天地人和、人与自然和谐共生的我国优秀传统文化理念，又体现了党的十八大以来的新发展理念。

服务于"人"的全面发展

问：民法总则中哪些方面体现了"人文关怀"，彰显了对人的保护？

王利明：21世纪的民法总则应该着重保护人的尊严与自由。从总则确立的立法目的和基本原则来看，都服务于"人"的全面发展。人文关怀侧重于保障个人享受一种有尊严的生活，从而实现对个人的全面保护。

民法本质上是人法，民法的终极价值是对人的关爱，最高目标是服务于人的尊严和人的发展。在我国广大人民群众基本温饱解决之后，对于人的尊严保护应当提到一个更高的位置，我们的民法同样也应当把人的尊严、自由的保障提到更高的位置。

从总则的体系结构来看，其关于民事主体、民事权利、民事义务的规则设计也都是以人为中心而展开的。例如，宣示对弱势群体的特殊保护、强化对胎儿利益的保护、降低限制民事行为能力的年龄标准、规定了成年监护制度以有效应对老龄化社会的现实需要等，都体现了人文关怀的精神。

民法总则广泛确认了民事主体所享有的各项权益，规定了胎儿利益保护规则、民事行为能力制度、老年监护制度、英烈人格利益保护等，实现对人"从摇篮到坟墓"各个阶段的保护，每个人都将在"民法慈母般爱抚的眼光中"走完自己的人生旅程。

民法是权利法，民法典的体系构建应当以民事权利为中心展开，民事权利就像一条贯穿于整部法典的红线。

总则采用"提取公因式"的立法技术，将各项具体权利具备的共同规则提炼出来，形成包括民事主体、民事权利内容、民事权利行使规则、法律行为、民事责任以及对权利行使的时间限制等制度内容。

其后制定的民法典各分编将以物权、合同债权、亲属权、继承权等权利以及因上述权利受到侵害而产生的侵权责任为主线展开，从而形成完整的制度体系。

可见，不仅是民法总则，整部民法典的体系结构都围绕着对权利的确认和保障而建立，充分彰显我国民法的人文关怀。

推进国家治理现代化

问：民法总则对提升国家治理能力体现在哪些方面？

王利明：当今社会治理正从单纯的政府行政管理走向社会综合治理，这个过程实际上是从单纯的国家主导纵向规制的方式转化为多元互动、横向参与、国家与社会合力互动的治理方式。作为民法典最重要部分的民法总则颁行，完善了我国市场经济法律制度，有力地推进了国家治理体系和治理能力现代化。

民法总则通过全面确认和保障公民民事权利起到有效规范公权力的作用，为国家治理的现代化奠定了制度基础。总则充分地确认和保护了民事主体的自治空间，充分发挥个人在现代社会治理中的作用。这既有利于节约国家治理成本，也有利于增加社会活力，激发主体的创造力。

同时，民法总则确认了多元化的社会规则体系。在现代社会中，法治的内涵越来越丰富，不限于国家机关制定的法律，即"硬法"，更包括乡规民约、自治性的团体规则、行业章程、习惯等"软法"。总则在法律上确认了习惯可以作为法律渊源的效力，明确规定在法律没有规定时，可直接适用习惯。使民法可以从符合善良风俗的习惯中汲取营养，完善民法规则，也有助于社会公众将民法规范内化于心、外化于行。

家庭稳定是社会稳定的基础，家庭治理水平的提升也是国家治理现代化的重要体现。民法总则维护家庭生活和谐有序，完善了监护制度，比如规定了遗嘱监护、意定监护、临时监护人制度以及监护人的撤销制度；还规定了成年人监护制度，以有效应对老龄化社会的现实需要，强化对老年人的保护。再如，规定了因婚姻、家庭关系所产生的人身权利受法律保护，有利于构建良好的夫妻关系、家庭关系。

民法总则的制定使我们坚信，我们有条件、有能力制定一部立足中国实际的、展现时代特色的、科学的中国民法典。

（新华社北京 2017 年 4 月 17 日）

第 五 章

向世界一流军队进发

> 改革纵览

从胜利走向胜利
——献给中国人民解放军建军 90 周年

有一种历史,用鲜血写就,几多慷慨,几多悲壮;

有一种胜利,用生命铸成,几多豪迈,几多辉煌。

1927 年 8 月 1 日,南昌城头一声枪响,一支新型的人民军队登上历史舞台。

"军叫工农革命,旗号镰刀斧头。"1927 年 9 月,在紧接着南昌起义举行的秋收起义中,工农革命军首次公开打出中国共产党的革命旗帜。

90 年浴血荣光,90 年红旗漫卷。在中国共产党的坚强领导下,人民军队不断从胜利走向胜利,为民族独立和人民解放,为国家富强和人民幸福建立了彪炳史册的卓著功勋。

"没有一支人民的军队,便没有人民的一切。"这是毛泽东主席根据中国人民在长期革命斗争中用鲜血换来的经验,得出的一个基本结论。

"建设一支听党指挥、能打胜仗、作风优良的人民军队,是党在新形势下的强军目标。"这是习近平主席站在实现中华民族伟大复兴的中国梦的战略高度,发出的时代号召。

90 年风雨征程,光荣使命召唤人民军队勇往直前;

90 年砥砺奋进,伟大梦想指引人民军队无往不胜。

在中国籍"远春湖"号油轮上执行随船护卫任务的特战队员在警戒巡视。（新华社记者 曾涛 摄）

在党的坚强领导下，人民军队砥砺成锋、军魂永铸

南昌，英雄城。建军节前夕，八一起义纪念馆迎来络绎不绝的参观人群。

一只强劲有力的大手，从崩裂的石块中伸出，紧扣着"汉阳造"步枪的扳机——在纪念馆序厅正中名为《石破天惊》的圆雕前，人们驻足流连。

历史的震撼扑面而来。

"中国共产党的成立和人民军队的诞生，是中国近代史上石破天惊的两件大事。"军事科学院研究员肖裕声说，"中国共产党人是在付出了血的代价后，才懂得了创建人民军队、武装夺取政权的真谛。"

1927年，正当大革命蓬勃发展的时候，国民党反动派背叛革命，勾结帝国主义，血腥屠杀中国共产党人和革命群众。鲜血擦亮了共产党人的眼睛——没有革命的武装就无法对付武装的反革命。

1927年8月1日凌晨，清脆的枪声在南昌城寂静的夜空响起。两万多名颈扎红领带的起义部队，对城内反动武装发起进攻。经过近5个小时激战，全歼守敌，占领了南昌城。

"南昌起义诞新军，喜庆工农始有兵。"一个政党从此有了自己绝对领导之下的武装力量，一支军队从此有了从胜利走向胜利的根本保证。

历史，往往在经过时间沉淀后可以看得更加清晰。

我军能够无往而不胜，最终战胜一切敌人而不为敌人所压倒，坚决听党指挥是建军之魂、强军之魄。

听党指挥，人民军队毫不动摇坚持党对军队绝对领导的根本原则和制度。

回顾人民军队成长壮大的历史，肖裕声说，"组织武装起义，创建人民军队，这只是开始。更重要的是如何建设这支军队。这是中国共产党必须解决的问题。"

毛泽东抓住了问题的症结所在。在三湾这个小村庄，他领导了著名的"三湾改编"，在部队中建立了党的各级组织和党代表制度，将党支部建在连上。

"正是从这时开始，确立了党对军队的领导。如果不是这样，红军即使不被强大的敌人消灭，也只能变成流寇。"当年的连党代表、后来成为共和国元帅的罗荣桓这样评价"三湾改编"。

闽西古田，一个在中国革命史上打下深刻烙印的地方。

1929年12月，毛泽东领导召开著名的古田会议，全面系统总结红军诞生以来的建军经验，强调红军必须置于党的绝对领导之下，并确立了坚持党对军队绝对领导的一系列根本原则和制度。

85年后的金秋时节，全军政治工作会议在这里召开，研究解决新的历史条件下党从思想上政治上建设军队的重大问题，确定了党在强国强军进程中政治建军的大方略。

在以"新古田会议"为标志的政治整训中，全军各级聚焦习主席指出的10个方面问题，整顿思想、整顿用人、整顿组织、整顿纪律，把理想信念、党性原则、战斗力标准、政治工作威信牢固立起来。坚持严字当头、以上率下，持之以恒纠治顽瘴积弊，从思想上、政治上、组织上、作风上彻底肃清郭伯雄徐才厚流毒影响。

今天，全军官兵以更高的标准、更严的要求、更加自觉的行动，把党领导军队的根本制度贯彻到军队建设发展的各领域。全军不断深化思想认识，准确把握军委主席负责制的政治要求和制度规定，将之作为铁规铁律来执行。

听党指挥，人民军队坚持不懈用崇高的理想信念凝聚军心。

火热的七月，陆军第75集团军某红军旅4连官兵刚刚移防到位，就将连队"传家宝"——半截皮带庄重地存入荣誉室展柜。

1936年7月，4连的前身红四方面军274团8连第三次过草地，陷入断粮的困境，官兵们只好挖野菜、吃草根。14岁的战士周广才拿出自己的牛皮腰带，和战友们吃了一半，攥紧剩下的半截，眼含热泪对战友说："同志们，我们把它留作纪念，带到延安见毛主席吧！"

就这样，大家怀着对革命胜利的憧憬，忍饥挨饿，将半截皮带留了下来。

在随后的征程中，周广才的6名战友相继牺牲，只有他到达了延安。

周广才在皮带的背面烫上"长征记"3个字，纪念那段难忘的岁月。

崇高的理想、坚定的信念，是革命军人的灵魂，是克敌制胜的决定性因素。

同样三过雪山草地的刘志坚将军生前曾回忆，第一次过雪山时，许多同志病饿而死，遗体来不及掩埋；第二次过雪山时，看到烈士遗体上的衣服已经没有了；第三次过雪山时，只看到了一堆堆白骨。"我们流着泪，从他们的身边走过。"

风雪交加的高山上，烈士遗骸成为红军队伍前行的路标。世界上有哪支军队有如此的信念与力量！

崇高的理想信念，催生出可贵的精神。长征精神、延安精神、上甘岭精神、"好八连"精神、"两弹一星"精神……成为人民军队取之不尽、用之不竭的精神财富和力量源泉。

崇高的理想信念，催生出无数的英模。张思德、董存瑞、黄继光、邱少云、雷锋、苏宁、李向群、杨业功……一代又一代军人以对党的赤胆忠心，铸就了永恒的军魂。

心中有信仰，脚下有力量。今天，全军把坚定官兵理想信念作为固本培元、凝魂聚气的战略工程，勤补精神之钙、常固思想之元，组织党史军史学习教育，打造强军文化，着力培养"四有"新一代革命军人、锻造"四铁"过硬部队……一系列重大举措，浇铸出坚如磐石的忠诚信仰。

听党指挥，人民军队始终保持绝对忠诚、绝对纯洁、绝对可靠。

走进西柏坡纪念馆的电报长廊，"嘀嗒、嘀嗒"的电报声不绝于耳。解放战争时期,党中央通过408份电报决胜千里之外,最终打败了国民党。

"为什么仅凭电波就能运筹帷幄、决胜千里，让全党全军行动如一人？"中国战略文化促进会常务副会长罗援说，"就是因为全党全军都坚决维护党中央权威，坚决贯彻党中央指令，坚决听毛主席的指挥。"

坚定维护核心、对党绝对忠诚，已经融入人民军队的血脉和基因。

40多年前，在国防施工现场，连队官兵在坑道里点着煤油灯学习毛主席著作；40多年后，从新兵下连、新干部报到第一天起，就注重用习主席系列重要讲话精神武装头脑。

陆军某部"大功三连"坚持用习主席系列重要讲话精神建连育人，官兵们真学、真信、真用党的创新理论，将"当习主席的好战士"作为自觉追求，连队完成一系列重大任务，连年被评为先进连队，成为享誉军内外的"时代先锋"。

一滴水可以反映太阳的光辉。今天的人民军队，维护核心、听从指挥成为三军将士的自觉追求——

思想上坚定追随，自觉用习主席系列重要讲话精神武装头脑、加强修养、指导工作；政治上绝对忠诚，不断强化政治意识、大局意识、核心意识、看齐意识，始终同以习近平同志为核心的党中央保持高度一致；行动上紧紧跟上，在任何时候任何情况下都坚决听从党中央、中央军委和习主席指挥。

在伟大祖国的怀抱里，人民军队英勇奋战、不辱使命

2017年7月11日，人民军队历史上值得铭记的日子——中国人民解放军驻吉布提保障基地成立暨部队出征仪式在广东湛江某军港码头举行。

即将迎来90华诞之际，人民军队迈出历史性的一步。这一步，承载着维护世界和平的坚定承诺；这一步，彰显着捍卫国家发展利益的坚定决心。

历史已经证明并将继续证明，人民军队是维护国家主权、安全、发展利益的钢铁长城，也是维护世界和平的坚定力量。

"枪杆子里面出政权。"在解放战争这场决定中国前途和命运的大决战中，人民解放军横扫千军如卷席，解放了除台湾等若干岛屿以外的全部国土，彻底推翻了压在中国人民头上的三座大山，结束了中华民族百余年来被侵略被侮辱的历史。

"虎踞龙盘今胜昔，天翻地覆慨而慷。"1949年10月1日，一个崭新的人民共和国屹立于世界东方。

人民共和国是先烈用鲜血换来的，人民军队愿意用生命来守护。民政部2014年公布的数据显示，全国有名可考、收入各级《烈士英名录》的烈士近200万名，其中绝大多数是人民子弟兵。

保卫祖国、建设祖国、保卫人民和平劳动、维护世界和平，人民军队在长期革命战争中形成的那么一股劲、那么一种革命热情、那么一种拼命精神，丝毫没有改变。

祖国利益高于一切，一代代官兵用生命和忠诚捍卫国家主权和尊严。

盛夏时节，位于中原大地某部营区内的杨根思雕像在阳光下熠熠生辉。雕像的底座上，铭刻着杨根思的誓言："不相信有完成不了的任务，不相信有克服不了的困难，不相信有战胜不了的敌人。"

抗美援朝战争中，志愿军第20军第172团连长杨根思带领1个排，连续打退美军最精锐的陆战第1师8次进攻。

美陆战第1师号称"王牌中的王牌"，成立以来未尝败绩，却在小高岭阵地被志愿军阻击得寸步难行。恼羞成怒的第1师动用了最强大的火力，不惜一切代价企图拿下小高岭。

在战斗的最后时刻，杨根思命令重机枪排长撤退，不把武器留给敌人。然后，自己抱起10公斤重的炸药包，拉响导火索，毅然决然地冲向敌群，与40多个敌人同归于尽。

抗美援朝，保家卫国。同样是在这场战争中，同样是志愿军第20军，因为长期驻防江浙地区，部队赴朝作战来不及配发冬装。1950年11月28日，在长津湖战役中，第20军59师177团6连奉命固守死鹰岭高地，结果穿着单衣的125名官兵全部冻死在死鹰岭高地上。

漫天风雪中，官兵们牺牲后仍然持枪俯卧战壕，保持着战斗姿势，仿佛是一群随时准备跃起的冰雕。

在没有空中掩护、没有海上支援，后方运输也被敌人封锁的条件下，志愿军与号称世界第一的对手展开殊死较量。他们中的每一个人都明白，自己的背后就是祖国。

胜利的光环，只属于过去。为了祖国的尊严，一代代官兵厉兵秣马、真打实备。

就在迎接建军90周年的这个火热7月，陆海空天多维演兵场烽烟四起。广阔草原，多支陆军劲旅鏖战正酣；远海大洋，一支支舰艇编队劈波斩浪；大漠戈壁，自由空战扣人心弦；密林深处，新型导弹部队盘马弯弓……

祖国利益高于一切，一代代官兵用青春和热血筑起保卫祖国的铜墙铁壁。

祖国的南疆，千里边防绿树成荫、繁花似锦，一片和平祥和景象。可细心的人们在老山附近的树干上，还会经常看到一些虽然模糊却依稀可辨的字迹——

"但有钢铁战士在，顽敌休想渡边关。"

"你也苦，我也苦，咱不吃苦，谁吃苦；你有家，我有家，没有国家哪有家……"

这是当年戍边战士用刺刀刻下的誓言,他们用这种方式表达着对国家的责任和情感。他们深知,只有把炮火阻挡在国境线之外,才能有国家的繁荣和富强。

南疆战火持续的 10 年,正是中国经济快速发展的时期。"万元户""专业户"是人们羡慕的对象,年轻人的生活变得丰富多彩,世界变得五光十色。然而,年轻的官兵却舍弃了这一切,为了祖国的安全,在前线忘我战斗。

"国不可一日无防,军不可一日无备。"人民军队以"时刻准备着"的姿态严阵以待。"提高警惕、保卫祖国",是人民军队最响亮的战斗口号。

特战精英刘珪苦练作战本领,熟练掌握 20 多项特战技能,6 个科目成绩刷新部队纪录,成为天上能飞、地上能打、水下能潜的特战尖兵。

海军 372 潜艇在一次执行任务中突遇"水下断崖",主机舱一根管道破裂。官兵们将个人生死置之度外,沉着应对、奋力抢救,终于化险为夷。

空军战斗机飞行员蒋佳冀瞄准强敌提升打仗本领,聚焦实战创新战法训法,成为三夺"金头盔"第一人,带领团队创造了空军三代机部队多项纪录。

火箭军导弹某旅组建当年便首发告捷,人人能打仗、架架能发射、攥指成重拳,创造了某型导弹的多项第一,成为远近闻名的"百发百中旅"……

一年三百六十日,都是横戈马上行。在东海防空识别区驱逐外机、在南海常态化战斗巡航、在钓鱼岛开展维权斗争……广大官兵枕戈待旦,为了祖国时刻准备决胜疆场。

祖国利益高于一切，一代代官兵勇敢地承担起维护世界和平的责任担当。

中国的发展，离不开世界的和平。近年来，中国军队承担的国际维和、远海护航、国际人道主义救援等任务越来越多——

中国是联合国安理会常任理事国中派出维和部队人数最多的国家；中国海军护航编队安全护送的6000余艘中外船舶中，半数以上为外国船舶或世界粮食计划署船舶；在搜救马航370航班现场、在非洲抗击埃博拉疫情一线、在马尔代夫首都马累出现断水危机时，都有中国军人忙碌的身影……

中国军人用坚强的脊梁，挑起了维护世界和平的重担。

国家的发展利益在哪里，人民军队就在哪里提供保护。

2011年，利比亚战争爆发，中国在当地的企业和人员处境危急。人民解放军空军、海军紧急出动飞机、舰船执行救援任务，安全撤离人员3万多人，并帮助其他国家数千人撤离危险地区。

世界需要和平，更需要维护和平的力量。中国军队永远是国家主权、安全、发展利益的坚定捍卫者，永远是世界和平的坚定维护者。

在民族复兴的征途上，人民军队不忘初心、续写荣光

这是一个广为流传的故事——

戎马一生的原福州军区副政委王直，晚年时有一次坐车回老家——福建省上杭县。一路上，私家车来来往往。同车的警卫员因为堵车，就埋怨当地私家车太多了。

老将军见状，语重心长地对警卫员说："我们当年参加革命，不就是为了让老百姓过上好日子吗？今天，乡亲们都开上了私家车，我们的心愿实现了，应该感到高兴才对啊！"

"让老百姓过上好日子"，这是老将军的心愿，也是人民军队的初心。

从井冈山到古田，从瑞金到延安，从西柏坡到北京，共产党领导人民军队一路走来，始终将民族的独立、解放和复兴作为永恒的价值追求。

历史，从来不只是过去，更指向未来。

为了民族的独立，为了人民的解放，一代代革命军人前赴后继、浴血奋战。

红军长征二渡赤水之后，遭遇十倍于己的敌兵围困。红五军团军团长董振堂指挥红38、39团掩护军委纵队。多次打退敌人的猛烈攻击后，董振堂命令部队撤出阵地，快速向前跟进。

刚刚走出三四里路，董振堂接到通知：一名红军生孩子难产，一定要顶住敌人，等孩子生完。

董振堂立即带领部队重返阵地。有人不解：不就是女人生孩子吗，这又要牺牲多少红军战士？

董振堂板起脸吼道："我们打仗干革命，为了什么？不就是为了孩子吗！"

整整两个小时，红军战士用血肉之躯阻挡敌人的疯狂攻击，直到一个新生命呱呱坠地。

"不就是为了孩子吗！"多么简短朴实的一句话，折射出红军将士的博大胸襟和革命初心。

红军长征到达陕北后，全民族抗战爆发。国共合作，军队改编，许多干部、战士想不通，尤其是对"红军改名"和"穿国民党军服""戴国民党帽徽"意见很大。

1937年9月2日，八路军120师举行抗日誓师大会。师长贺龙说：

"今天国难当头，为了共同对付日本帝国主义，我愿意带头穿这身灰衣服，戴这颗白帽徽。别看我们外表是白的，可心里是红的，永远是红的！"

"白皮红心"，民族大义！9月3日，120师8000多名抗日健儿从驻地出发，东渡黄河，挺进烽火连天的山西抗战前线。

为了民族、为了人民，这决不是一句空洞的口号，它需要真诚的付出、忘我的牺牲。

在解放上海的战役中，人民解放军官兵中激荡着这样一句激动人心的口号："为了人民，愿作胜利前的最后一批牺牲者！"1949年5月，上海的一个黎明。打开家门的市民们吃惊地发现——经过一夜激战的解放军官兵怀抱钢枪露宿在雨后湿漉漉的街头。

从这些秋毫无犯的官兵身上，人们更加深切地认识了共产党领导的人民军队。

为了民族的复兴，为了人民的福祉，一代代革命军人不忘初心、接续奋斗。

"我是一个兵，来自老百姓……"一代代官兵传唱的这首歌，昭示着人民军队与人民的血肉联系，生动诠释着人民军队全心全意为人民服务的根本宗旨。

红军、八路军、新四军、解放军，名称虽然几经变更，但人民军队为人民的本色始终未变。

战争年代，为了民族的独立和人民的解放，人民子弟兵浴血奋战；和平时期，为了支援国家经济建设和社会发展，人民子弟兵勇挑重担。

改革开放新时期，以百万大裁军为标志，我国国防和军队建设指导思想实行战略性转变，即从准备"早打、大打、打核战争"的临战状态转到和平时期建设的轨道上来。

也就是从那时开始,军营响彻一个响亮的口号——在大局下行动!

仅进入新世纪以来,全军和武警部队就先后参加和支援三峡工程、西气东输、西电东送、青藏铁路等国家重点工程建设数百项,建立扶贫联系点3万多个,转让科技成果数万项,援建"希望学校""红军学校"上千所……

洪水涌来,他们冲锋在波峰浪尖;疫情肆虐,他们战斗在无形的战场;大地震颤,他们投身于抗震救灾一线;扶贫攻坚,他们承担起"最难啃的骨头"……人民的需要就是子弟兵奋勇前行的号令。

"一切为了人民,一切依靠人民,这正是人民军队能够战胜一切艰难险阻的法宝。"国防大学教授徐焰说,从诞生的那一天起,我们这支无产阶级政党缔造和领导的军队,便深深地打上了"人民"的烙印。

一切向前走,都不能忘记走过的路。

今天,中国的发展成就举世瞩目,国际地位日益稳固。然而,中华民族伟大复兴绝不是轻轻松松、顺顺当当就能实现的,国防和军队建设是国家安全的坚强后盾。实现中国梦,对军队来说就要实现强军梦。人民军队以党在形势下的强军目标为引领,向着世界一流军队迈出历史性步伐——

政治建军深入推进。全军和武警部队深入学习贯彻古田全军政治工作会议精神,以政治建军方略为引领,在高扬旗帜中凝魂聚气,在弘扬传统中正本清源,在整风整改中革除积弊,在一新风貌中迸发活力。

练兵备战紧锣密鼓。全军官兵牢固树立战斗力这个唯一的根本的标准,全部心思向打仗聚焦、各项工作向打仗用劲,坚持仗怎么打、兵就怎么练,广大官兵铸魂砺志、敢打必胜,掀起一轮又一轮实战化训练热潮。

改革强军蹄疾步稳。领导指挥体制改革取得突破性进展,"军委管总、战区主战、军种主建"的新格局初步形成；部队规模结构和力量编成改革渐次展开，推动部队编成向充实、合成、多能、灵活方向发展。

依法治军蔚然成风。各级按照法治要求推动治军方式深刻转变，以狠抓条令条例和规章制度落实促进能打仗打胜仗能力提升，坚持一切按章办事，国防和军队建设法治化水平不断提高。

军民融合纵深推进。军民融合上升为国家战略，全要素、多领域、高效益的军民深度融合发展格局逐步形成，军民融合向网络信息技术、高端装备制造、航空航天等领域推进。

科技兴军蓬勃发展。国产航母下水，万吨级大型驱逐舰入列，新一代隐形战斗机歼–20和大型运输机运–20振翅蓝天……一大批具备世界先进水平的武器装备，极大提升了人民军队打赢未来信息化战争的能力。

历史是过去的现实，现实是未来的历史。

可以告慰毛泽东等老一辈无产阶级革命家的是，他们亲手缔造的人民军队初心不改、本色不变，永远是党、国家和人民最可信赖的力量。

在习主席的统帅下，走过了90年光辉历程的人民军队，向着实现强军目标、建设世界一流军队阔步前行！

（新华社北京 2017 年 7 月 26 日）

> 深度解读

军魂颂
——人民军队建军 90 周年听党指挥启示录

军魂永不变,军旗永向党。

90 年前,南昌城头的清脆枪声,宣告了一支共产党独立领导下的新型人民军队从此登上历史舞台。

90 年来,饱经战火磨砺,备受风雨洗礼,人民军队百折不挠,始终能够从胜利走向胜利。

一心听党话,铁心跟党走。人民军队 90 年成长、发展、壮大,印证着一个颠扑不破的真理:听党指挥,是人民军队的命根子,永远不能变,永远不能丢。

历史,激荡澎湃;昭示,历久弥新。今天,站上新的历史起点,人民军队在党的正确领导下,正昂首行进在强军兴军的伟大征程上。

固根铸魂,永远凝聚在党的旗帜下

2017 年初夏,四川阿坝州茂县叠溪山体突发高位垮塌。

灾情就是命令!

如每一次抢险救灾一样,数不清的迷彩从四面八方驰援而来,奔波于抢险一线……

"无论是枪林弹雨还是洪水火海,党的召唤面前,人民子弟兵义无反顾!"国防大学教授徐焰说。

听党指挥是人民军队的建军之魂、立军之本。

南昌起义后,党领导的武装斗争曾遭遇过严重的挫折。"红旗还能打多久"的悲观一度出现。

"那时候的军队,就像抓在手里的一把豆子,手一松就会散掉。"贺龙元帅曾回忆说。

危急关头,毛泽东于1929年在江西省永新县三湾村对部队进行了整编:建立党的各级组织和党代表制度,确定党的支部建在连上。

三湾改编,确立了党对军队的领导,人民军队从此有了灵魂。

听党指挥,确保了军队建设保持正确的政治方向。"我们党是以马克思主义武装起来的先进政党,始终坚持用马克思主义科学理论武装部队、教育官兵,使这支军队成为具有无产阶段性质的、为实现崇高理想而战斗的新型人民军队。"军事科学院原世界军事研究部副部长肖裕声说。

自从血脉中注入了党的先进性基因,我军的面貌焕然一新。

长征路上,红军常常面对生死考验:几乎每天都会有一场战斗;平均走365华里才休整一次;随时会从头顶落下炸弹;常常面对10倍于己的敌人围追堵截……湘江一战,中央红军在不到50天内,就由出发时的8.6万人锐减至3万余人。

"再大的牺牲,也不能阻止我们前进!"从赣南一直征战到陕北的老红军唐进新生前回忆,"因为我们有红色的理想。"

"只要跟党走,一定能胜利。"这是长征中红军说得最多的话。

凝聚在党的旗帜下,人民军队英勇善战,所向无敌。战争年代,人民军队坚决听从党的指挥,在争取民族独立、人民解放的战场一往无前。

和平时期，人民军队义无反顾、无私奉献在大漠戈壁、边关海岛，用忠诚筑起保卫祖国的钢铁长城。

新时期，如何才能掌握意识形态斗争的主权动？怎样才能把全军官兵的军魂意识铸得更牢？

思想是行动的先导。党的十八大以来，全军官兵深入学习习主席系列重要讲话精神，各部队广泛开展"坚定信念、铸牢军魂""牢记强军目标、献身强军实践"等教育活动……广大官兵对习主席系列重要讲话精神特别是关于国防和军队建设的重要论述，理解更加深刻、贯彻更加自觉。

赓续血脉，不折不扣落实党对军队绝对领导

在人民军队历史上，古田是一个值得铭记的地方。

2014年10月30日，这个闽西山区的小镇，迎来了历史性的日子：全军政治工作会议在这里召开。会议主要任务是，贯彻整风精神，研究解决新的历史条件下党从思想上政治上建设军队的重大问题。

选择在古田召开会议，意义非凡。

古田，是我军思想建党、政治建军的地方，是我军政治工作的发源地。到古田去重温历史、寻根溯源，接受思想和精神的洗礼，人民军队才能更好前进。

历史是最好的教科书。1929年12月，红四军党的第九次代表大会在福建上杭县古田召开。会议第一次以决议的形式确立了党对军队绝对领导的根本原则。

"'绝对领导'的提出，表明我们党对从思想上政治上组织上建设和掌握军队，有了更加清晰深刻的认识，人民军队听党指挥也更加自觉坚定。"肖裕声说。

坚持党对军队的绝对领导，犹如一条红线贯穿于人民军队成长壮大的全部历程。

从长征路上前仆后继，到敌后抗日浴血奋战；从解放战争横扫千军如卷席，到抗美援朝打出国威军威；从建设年代激情燃烧，到改革开放春潮涌动……党对军队的绝对领导始终坚定不移。

发展是最好的继承。党的十八大以来，建设一支听党指挥、能打胜仗、作风优良的人民军队，是党在新形势下的强军目标。

全军各级把落实党对军队领导的根本原则和制度作为第一位责任，把党领导军队一系列制度贯彻到部队建设各领域和完成任务全过程，确保党指挥枪的原则落地生根。

广大官兵不断强化"四个意识"，把维护和贯彻军委主席负责制，作为向党看齐的根本衡量标准。各战区、军委机关各部门组织集中学习教育训练，各军种精心组织习主席改革强军重大战略思想宣讲团到部队巡回宣讲。全军官兵坚决听从党中央、中央军委和习主席指挥，把听党指挥扎根在思想上、落实在行动上。

继往开来，用行动诠释对党的忠诚

党员是党的肌体的细胞。坚持党对军队绝对领导，要通过军队各级党组织来实现，靠广大党员干部来落实。

"充分发挥党委的核心领导作用、党支部的战斗堡垒作用和共产党员的先锋模范作用，实现党对军队绝对领导就有了可靠的保证。"肖裕声说。

生死关头，共产党员的先锋模范作用得到了集中体现。

"长征中，无论是强渡大渡河的勇士，还是飞夺泸定桥的英雄，都是由共产党员和入党积极分子组成的。"徐焰说。

"平时生活中，高级指挥员与普通士兵一样啃树皮、嚼草根，打起仗来，干部党员却总是冲在最前面。"唐进新生前曾回忆，每打一仗下来，党团员伤亡之数，常常占到伤亡数的25%，甚至50%。

"跟我上""让我来"……成为共产党员的标志。90年来，人民军队涌现出一大批听党指挥的先进模范：董存瑞、张思德、雷锋、苏宁、杨业功……他们像一面面旗帜，激励着官兵奋勇向前，也更加坚定了官兵对坚持党的绝对领导的认识。

在党员模范的带动下，广大官兵把对党的忠诚化作实际行动——一切行动听从党的指挥。

党指向哪里，官兵就战斗在哪里。九八抗洪，子弟兵坚决贯彻党中央"严防死守"号令，誓与大堤共存亡；抗击非典，参战官兵义无反顾；抗震救灾，三军将士在奋不顾身的行动中展示忠诚……官兵们用实际行动交出一份份合格答卷。

海上维权斗争，任务部队枕戈待旦、闻令而动；改革强军，官兵们坚决服从命令，面对进退走留绝不含糊；参与地方扶贫攻坚，党中央一声号令，各级勇挑重担、精准发力……全军官兵始终做到绝对忠诚、绝对纯洁、绝对可靠。

"金星闪耀在军旗上，我们的原则是党指挥枪……"响遍大江南北千百个军营的《听党指挥歌》，唱出的正是人民军队全体官兵的共同心声。

90年风雨征程，90年成就辉煌。在党旗的引领下，人民军队永远是国家的捍卫者、社会主义的捍卫者、人民利益的捍卫者。

（新华社北京2017年7月23日）

热血赞

——人民军队 90 年能打胜仗启示录

盛夏时节,座座军营升腾起练兵备战的阵阵热浪——

战车驰骋,塞北草原硝烟又起;巨舰犁波,远海大洋鏖战正急;雄鹰振翅,九霄云上雷霆突击;长剑出鞘,大漠深处惊雷乍响……党的十八大以来,全军官兵紧紧扭住能打仗、打胜仗这个强军之要,真抓实训、真打实备,在一次次近似实战的演训中砥砺奋进。

回望 90 年风雨征程,从南昌城头走来、穿过枪林弹雨的人民军队,为了使命一无所惜,为了打赢一无所顾,书写了攻无不克战无不胜的光辉历史。

"军队是一个战斗队,是为打仗而存在的"
——全部心思向打仗聚焦,汇聚从胜利走向胜利的强大力量

广西兴安县城西南,矗立着一座三支步枪造型的纪念碑。这是数万红军将士英灵安息地的象征,也是人民军队遭受惨痛损失的沉重纪念。

湘江一战,中央红军由出发时的 8.6 万人锐减至 3 万余人,烈士们的鲜血染红了江水。痛定思痛,人们发现,大搬家式的转移导致行军速度极其缓慢,丧失有利渡河时机,是红军血洒湘江的重要原因之一。

不丢掉"坛坛罐罐",不按打仗要求做事,不把全部心思向打仗聚焦,就要付出血的代价，不论战争年代还是和平时期，都是一支军队、一名军人必须时刻铭记的深刻教训。

"精兵简政""百万大裁军"、科技大练兵……不同历史时期，人民军队始终把战斗队当成第一位的任务，为打赢、谋打赢、练打赢，肩负起党和人民赋予的神圣使命。

然而，长期和平时间也容易滋生麻痹思想。"打不起来、轮不到我"思想，"危不施训，险不练兵"现象，"训为看、演为看"势头……这些和平积弊，极有可能侵蚀人民军队英勇善战的赫赫威名。

在党和人民需要的时候，我们这支军队能不能始终坚持住党的绝对领导，能不能拉得上去、打胜仗，各级指挥员能不能带兵打仗、指挥打仗？

这样的战斗力之问，振聋发聩、引人深思。

"能"的目标如何达成，"胜"的底气从何而来？答案，在一场场震撼心灵的战斗力标准大讨论中，在一次次紧贴未来战场的实战化演训中。

从严冬到酷暑，从寒区到温区，从高原到海岛，从大漠到大洋……全军上下坚持在备战中练兵、在用兵中强兵，真想打仗的事情，真谋打仗的问题，真抓打仗的准备，训练的硝烟味越来越浓，打仗的紧迫感明显增强。

2014年1月，我军首次派出安全部队，部署到战火纷飞的马里加奥地区。3年来4批官兵接续努力，创下首次为外军提供全域防卫、首次制止大规模暴力冲突等多项纪录，防御设施和应急手段成为47个国家维和军人眼中的"学习样本"。

2015年3月，也门爆发内战。危急关头，临沂舰接到撤侨命令后，在9天时间里三进三出炮火密集的交战区，和其他军舰将613名中国同胞安全护送至亚丁湾畔的吉布提。

召之即来、来之能战、战之必胜，英雄的人民军队一心一意谋打赢，不断从胜利走向胜利。

"威武之师还得威武，革命军人还是要有血性"
——一不怕苦、二不怕死，激发不惧艰险不畏强敌的英雄气概

山西省太原市档案馆，珍藏着一份八路军总部行动路线图。

纵横交错的线路显示：1937年9月至1945年8月，八路军总部在山西辗转迁移69处，一直在日军占领区腹地坚持战斗。

国防大学教授徐焰的研究表明，八路军出师到抗日前线的3万多部队只有1万多支杂式枪，平均每支枪配30发子弹。

武器匮乏、装备落后，便以意志为刃。纵身跳崖的"狼牙山五壮士"、血战到底的刘老庄82勇士，平型关首捷、夜袭阳明堡、设伏雁门关……面对装备精良、穷凶极恶的侵略者，人民军队从不畏惧、从不退缩，靠英勇牺牲创造了一个又一个人类战争史上的不朽传奇。

一不怕苦、二不怕死，这是自诞生之日起，人民军队尽管装备落后，却始终让敌人胆寒的关键所在。

长征途中，包括红一、红二、红四方面军和红25军在内的4支长征大军，出发时总人数为20.6万，加上沿途补充兵力，到长征结束仅剩数万人；解放战争，26万多人民子弟兵牺牲在共和国诞生前夜……

沧海桑田，天翻地覆。新中国成立以来，我军武器装备不断更新换代，逐步实现从"万国造""骡马化"到机械化、信息化的历史性跨越。

"键对键"的信息化战争时代，"刺刀见红"的亮剑精神并未过时。

学习英雄故事、重温战斗传奇、探访革命旧址……激情鼓荡处，血性基因在官兵头脑中扎根，焕发出献身强军事业的源源动力。

2016年4月27日，海军某舰载航空兵部队一级飞行员张超，在驾驶战机进行陆基模拟着舰训练时，突遇飞机电传故障，他尽力挽救战机，错过最佳跳伞时机，身负重伤，不幸牺牲。

近7个月后，我国培养的首批歼击机女飞行员、首位驾驶歼-10飞上蓝天的女飞行员余旭血洒碧空。

同一年为国捐躯的，还有申亮亮、李磊、杨树朋、程俊辉、刘景泰、刘质宏，以及更多没有见诸公开报道的人民子弟兵。

血脉赓续、血性依旧，英雄的人民子弟兵用生命勾勒出新时期中国军人的好样子。

"创新能力是一支军队的核心竞争力，也是生成和提高战斗力的加速器"

——以改革创新精神开拓前进，赢得面向未来战场的制胜先机

人民军队的战斗史册上，这样一组名词熠熠生辉：持久战、游击战、地道战、地雷战、破袭战、麻雀战……

叫嚣"三个月灭亡中国"的日本侵略者没有想到，他们会就此深陷人民战争的汪洋大海，狂言最终变成痴心妄想；轻言亡国的投降派没有想到，中国共产党领导的人民武装在持久战思想指导下，于危急关头力挽狂澜。

新战略、新战法，让这支以农民为主的军队迸发出前所未有的力量，成为拯救民族危亡的中流砥柱。

从"你打你的，我打我的"到"早打、大打、打核战争"，从走中国特色精兵之路到打赢高技术条件下局部战争……人民军队成功应对一切艰险挑战，不断从胜利走向胜利，一条重要经验就是不墨守成规、不

拘泥成法，紧跟时代步伐，引领创新潮流。

党的十八大以来，全军上下把理论、技术、管理、文化创新的"准星"始终瞄准战场，靠创新培育战斗力新的增长点，努力在变革中赢得制胜先机——

与时俱进创新军事战略指导，更加注重聚焦实战、更加注重创新驱动、更加注重体系建设、更加注重集约高效、更加注重军民融合，成为新形势下军事力量建设和运用的统揽。

领导指挥体制改革取得突破性进展，"军委管总、战区主战、军种主建"新格局基本形成，军委战略指挥功能得到加强；裁减军队员额，减少领导指挥层次，优化军种比例、官兵比例、新旧装备比例，部队编成向充实、合成、多能、灵活方向发展。

科技创新成果丰硕，新型陆战装备批量列装，第二艘航母、新型导弹驱逐舰出坞下水，国产大型运输机、新型战斗机加速服役……武器装备跨越发展渐成常态。

开拓创新、勠力拼搏，光荣的人民军队自信面向未来，在实现强军目标、建设世界一流军队的征程上阔步前行。

（新华社北京 2017 年 7 月 24 日）

本色谱

——人民军队90年作风优良启示录

90年前南昌城头的一声枪响,宣告了一支新型的人民军队登上历史舞台。

这支今天被称为中国人民解放军的新型军队,曾在国民党军队疯狂围追堵截下,被迫踏上九死一生的长征路,战略转移至陕北。

在陕北延安,美国记者斯诺在与红军将士接触后,被他们坚定的理想信念、革命乐观主义精神和艰苦奋斗的作风深深打动,断定这支军队具备战胜一切对手的"东方魔力",并断言这是"兴国之光"。

今天,历史用雄辩的事实证实了斯诺的断言。

90年来,我军之所以战胜一切国内外强敌,经受住一切严峻复杂的考验,从小到大、由弱变强、从胜利走向胜利,作风优良是重要法宝。

崇高理想,永远是人民军队最坚定的信念

弯弯曲曲的长征路,是一条浸透了鲜血的死亡之路,更是一条新生之路。这条路上,平均每300米就有一名红军牺牲。

"为什么我们最终能走完长征并取得抗日战争的胜利呢?这是因为有坚定的信仰!"今年已百岁、曾经三过草地的原南京军区司令员向守志说,"没有信仰,连一公里也走不了。"

"红军将士懂得，我们的奋斗是为了推翻人压迫人的制度，建立起人民当家做主的政权。"1988年被授予上将军衔的向守志身经百战、九死一生，"为了这样的理想，我们不惜付出一切代价，包括生命。"

中央军委原副主席张震长征中在红3军团10团任营长。他生前回忆血战湘江时说，战斗最激烈的那天，团长沈述清牺牲，几个小时后，继任团长杜宗美也阵亡了……

鲜血，染红了湘江，染红了岸边一座又一座山头。

再大的牺牲，也不能阻止红军将士前进的脚步。作为人类精神坚定无畏的丰碑，长征集中体现了革命理想主义和革命英雄主义精神。

正是因为拥有如此胸怀，即便是死亡也无法浇灭理想之光，人民军队绵绵不断地涌现出这样的人间奇迹——

狼牙山五壮士气吞山河纵身跃崖掩护大部队和群众安全转移，董存瑞手举炸药包开辟部队前进通道，黄继光舍身堵枪眼掩护战友……

战斗精神，永远是人民军队最过硬的底气

抗日战争时期，新四军3师7旅19团4连82名官兵，在江苏省淮安刘老庄乡，与1200余名日伪军展开殊死搏斗，最后全部壮烈殉国。

战后，第7旅重新组建第4连，并将其命名为"刘老庄连"。

14年抗战，中国共产党领导八路军、新四军、东北抗联等抗日军民，面对强敌，决一死战，发挥了中流砥柱作用，使日本"征服中国"的野心遭到惨败。

战斗精神，永远是人民军队最过硬的底气。

时代在变，环境在变，但敢于亮剑、敢于牺牲的战斗精神在人民子弟兵身上永远没有变。

当地时间2016年7月10日晚，一个噩耗从南苏丹首都朱巴传出——

正在此间执行任务的中国维和步兵营105号步战车被火箭弹击中，步兵一连下士李磊不幸壮烈牺牲、四级军士长杨树朋身负重伤。7月11日，杨树朋因抢救无效牺牲。

生死考验面前，一连连长王震给在国内的指导员文海地打电话交代"后事"——

"如果我牺牲了，请你告诉老连长，我没有给老连长丢脸……"

王震和文海地目前分别担任中部战区陆军第83集团军某旅三连连长和指导员。他们所在的连队有一个闻名遐迩的称号——"杨根思连"。

抗美援朝战争中，在小高岭战斗的最后时刻，志愿军第20军58师172团3连只剩下连长杨根思一人，他抱起炸药包，毅然与40多个敌人同归于尽。

艰苦奋斗，永远是人民军队最亮丽的底色

在上海最繁华的商业街南京路上，矗立着一座醒目的大理石群雕——"南京路上好八连"。

"南京路上好八连"这面旗帜，已被上海市民视为这座城市闪光的精神名片。

68年前，前身为华东军区特务团辎重连的八连，开进了上海，执勤于南京路。八连官兵身居闹市、一尘不染，展示了人民军队的良好形象。

一部人民军队的成长史，艰苦奋斗贯穿始终。

在井冈山斗争中，毛泽东、朱德和战士们一起下山挑粮、上山种菜，一起吃红米饭、南瓜汤，铸就了红色根据地的光辉篇章。

抗战时期，著名爱国华侨领袖陈嘉庚率团回国慰问抗日将士。

在重庆，蒋介石花800银圆隆重接待陈嘉庚，被陈嘉庚怒斥腐化堕落。

在延安，毛泽东用战士种的豆角、西红柿招待他，只是特地上了一盆鸡汤。

两顿饭的差别，给陈嘉庚留下深刻印象。

后来回到南洋，陈嘉庚在一次集会上说："中国的希望在延安。"

作为我党我军的传家宝，艰苦奋斗是党和军队事业朝气蓬勃、兴旺发达的重要保证，永远是人民军队最亮丽的底色。

新中国成立后，我国在极短的时间内研制出"两弹一星"，打破了大国的核垄断和核讹诈，这一成就是在外部面临帝国主义武力威胁、国内经济十分困难的情况下取得的，靠的就是自力更生，艰苦奋斗——

科研工作者们没有大型计算机，就用算盘、手摇计算机日夜计算；没有办公室，就趴在水泥地上设计图纸；没有仪器，就自己制造，铝皮、三合板、蜡烛、手电筒等都成了设计的材料和工具。

90年来，人类社会已然巨变，但艰苦奋斗的精神在人民军队身上从未改变。

今天，无论是在渺无人烟的荒漠海岛、天寒地冻的高原边陲驻防执勤，还是在高温闷热的甲板机舱、风雨交加的山野丛林训练演习，人民子弟兵都把艰难困苦当成砥砺意志的"磨刀石"、成长进步的"奠基石"，在艰苦奋斗中展现军人价值、创造辉煌业绩。

勇闯新路，永远是人民军队最可贵的品格

从土地革命战争时期创立"党指挥枪"等一整套建军原则制度，到抗战时期实行精兵简政；从新中国成立后多次调整体制编制，到改革开放新时期百万大裁军……90年来，在党的领导下，人民军队从成立那天

起，改革创新的步伐从未停歇。

1927年9月29日，秋收起义失败后，毛泽东率领不足1000人的起义军余部到达江西省永新县的三湾村，进行了著名的"三湾改编"。

就是在这次改编中，毛泽东亲自成立了人民解放军历史上的第一个连队党支部，开创了人民军队"支部建在连上"的先河。

井冈山道路开辟了"以农村包围城市，武装夺取政权"这一具有中国特色的革命道路，中国革命从此星火燎原、凯歌高奏。

今天，走过90年光荣历史的人民军队，正阔步行进在改革强军的征途上。

人民军队自2015年11月底启动的这轮改革，最引人注目的内容之一是对军队领导管理体制和联合作战指挥体制进行改革，构建"军委—军种—部队"的领导管理体系和"军委—战区—部队"的联合作战指挥体系，形成"军委管总、战区主战、军种主建"的新格局。

这是一场整体性、革命性的变革，推进力度之大、触及利益之深、影响范围之广，在解放军历史上前所未有。

勇闯新路，永远是人民军队最可贵的品格。

（新华社北京2017年7月25日）

鱼水情

——人民军队 90 年服务人民启示录

"向前!向前!向前!我们的队伍向太阳,脚踏着祖国的大地,背负着民族的希望,我们是一支不可战胜的力量……"

气势磅礴的旋律,唱出了人民军队的历史使命和力量源泉。

一切来自人民,一切依靠人民,一切服务人民——人民军队 90 年来从胜利走向胜利,始终与人民群众鱼水情深、血脉相连。

胜利之本,系乎民心

在南昌八一起义纪念馆,两张陈旧泛黄的信笺,见证着人民与军队的鱼水深情。

1927 年 8 月 3 日,江西民众慰劳前敌革命将士委员会负责人朱大桢,将南昌群众捐献的一万银圆送到起义部队手中。部队当即为朱大桢开出收条。

起义部队南下前夕,朱大桢又收到一封信。信中详细说明了这些捐款的去向,以及对起义部队南下作战产生的巨大帮助。

"收条"和"回信",成为"人民军队爱人民,人民军队人民爱"的永恒见证。

一部人民军队的成长发展史,就是一部为人民求解放、谋幸福的奋斗史。

1927 年 10 月下旬，脚磨起了血泡却坚决不坐担架的毛泽东，拄着拐杖宣布上井冈山的三条纪律中的一条就是："不拿老百姓一个红薯"。

从提出"三大纪律八项注意"到建立和巩固红色政权，实行土地革命，人民军队始终把群众的利益放在首位。

长征路上，红军遭受围追堵截，多次身临绝境，但始终秉持"救人民于水火、扶民族于既倾"的家国情怀。

聂荣臻元帅生前曾回忆说，问战士为什么要当红军，他们都会回答"为了打土豪，分田地""为了苏维埃新中国"。

土地革命、抗日战争、解放战争……无论条件多么艰难、环境多么险恶，人民军队心里装着的始终是人民的利益。

1944 年，毛泽东在一位普通战士的追悼会上，以"为人民服务"为题发表了影响深远的演讲。这位战士名叫张思德，是一名经历过长征的红军战士，牺牲在平凡的岗位上。从此，全心全意为人民服务，成为人民军队矢志不渝的宗旨。

"这是我军从胜利走向胜利的法宝。"在军事专家罗援看来，全心全意为人民服务是我军区别于其他军队的典型特质，也是我军光荣传统和优良作风的根本基础，"也正是因为保持了这一属性，人民军队才能在历次重大考验中赢得拥护和支持，并最终创造了历史"。

军队打胜仗，人民是靠山

这是一首在战争年代流传甚广的民谣："最后一碗米送去做军粮，最后一尺布送去做军装，最后老棉袄盖在担架上，最后亲骨肉送他上战场。"

90年来人民军队的辉煌征程反复证明：群众的拥护和支持是人民军队赢得战争胜利的可靠保障。

伟大的长征是军民团结的壮丽画卷。

长征前夕，赣南人民为中央红军提供了大量的物资和军费，包括稻谷84万担，被毯2万多条，棉花8.6万余斤，草鞋20万双，米袋10万条，制造枪弹的铜8万多斤，价值10万元的药品和150多万元的军费。

长征途中，红军先后经过了10多个少数民族聚居区，成千上万的民族兄弟加入红军的队伍，各地人民共为红军各部队筹集了上万吨粮食，补充了约2万人的兵员。

在抗日战争最为艰难的时刻，毛泽东在《论持久战》中写下了著名论断："战争的伟力之最深厚的根源，存在于民众之中。"

抗战时期，中日双方力量的对比不仅仅是军力和经济实力的对比，更是人力和人心的对比。中国共产党领导的八路军、新四军等抗日武装挺近敌后，放手发动群众、一切依靠群众。广大人民群众先后发明了地道战、地雷战、麻雀战、水上游击战、交通破袭战等，把侵略者陷于人民战争的汪洋大海。

抗日烽火中的人民军队也在人民群众的支持下不断发展壮大。抗战开始时，中国共产党领导的八路军、新四军只有5万多人。抗战结束时，人民军队已发展到120余万人，民兵260万人，根据地面积达100万平方公里，人口近1亿。所有这些，都为夺取新民主主义革命的胜利奠定了坚实的基础。

解放战争时期，解放军在短短三年时间里，就以弱胜强，打败了国民党反动派800万军队，通过土地改革充分发动群众并依靠群众是重要原因。

淮海战役期间，近 60 万名解放军官兵的身后是 500 多万支前百姓，战场上几乎每一颗子弹、每一发炮弹、每一粒粮食都来自百姓日夜不断地运送。

人民心里有杆秤。在解放战争中牺牲的几十万名官兵，在战争中前赴后继支前的上千万百姓，为了梦想中的新中国，他们情愿走向战场，情愿冲锋陷阵，哪怕粉身碎骨！

新中国成立后，从抗美援朝到历次边境自卫反击作战，从抗洪抢险、抗震救灾到跨区机动、联合军演，人民军队的每一次胜利出征的背后，都离不开人民群众的无私支援和全力支持。

"军队打胜仗，人民是靠山"。从战争年代到和平时期，这条颠扑不破的真理，被人民与军队之间的深厚情谊和血肉联系所不断验证。

爱我人民爱我军

不久前，一段 18 秒的视频收获网友海量点赞：抗洪之后，官兵撤离，群众却紧追前行的车辆，不断将手中的慰问品送给子弟兵……

洪灾震灾，火情疫情，和平年代的每一次灾难，都是人民子弟兵出征的命令。从 1998 年抗洪抢险到 2003 年抗击"非典"，从 2008 年抗震救灾到抗击台风、洪涝、风雪灾害，只要人民有难，子弟兵就义无反顾、奋不顾身！

每年夏天，人民子弟兵在抗洪一线都为灾区留下了一个个"最美背影""最美睡姿""最美双脚"……

灾难面前，人民心中有一种希望叫作"人民子弟兵"；危急关头，军队有个不变的传统叫作"军民鱼水情"。

一座座"八一希望小学"在革命老区和长征路上拔地而起，一片片"军民共育国防林"在大漠戈壁防风固沙,一支支军民联合护边队活跃在边疆海岛,一件件惠军利民解兵忧的实事好事落地生根……

党的十八大以来,各地各部队紧贴强国强军时代要求,聚焦能打胜仗服务部队战斗力提升,扎实做好新形势下双拥工作大文章,形成了军地协调行动、攻坚克难、众志成城的生动局面。

——国家出台军人随军家属就业安置、伤病残退休军人住房保障、维护国防利益和军人军属合法权益等办法,形成了上下衔接的拥军优属政策法规体系;

——各地各部门着力做好转业干部安置、随军家属就业、退役士兵职业技能培训等工作,下大力解决退役士兵安置遗留问题;

——部队和有关部门积极协调,在机场、高铁、铁路、公路、银行等服务窗口,普遍开通"军人依法优先"绿色通道;

——军民融合方面改革迈出实质性步伐,加强对军民融合发展集中统一领导,加快形成全要素、多领域、高效益的军民融合发展格局;

……

"难得举城作一庆,爱我人民爱我军。"

历史已经证明,"军民团结如一人,试看天下谁能敌",永远是颠扑不破的真理。

历史还将继续证明,在实现中国梦强军梦的伟大征途上,人民子弟兵与全国各族群众,一定会谱写出军政军民团结的崭新篇章!

(新华社北京 2017 年 7 月 26 日)

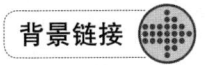 背景链接

十九大后，习近平对军队高级干部提出6个"必须"

2017年10月25日，党的十九届一中全会决定了中央军事委员会组成人员，习近平任中央军事委员会主席。

26日，习近平出席军队领导干部会议并发表重要讲话，为全军学习贯彻党的十九大精神和新时代党的强军思想作出动员和部署，同时对军队高级干部提出了新要求。

习近平强调，我军高级干部必须对党忠诚、听党指挥，必须善谋打仗、能打胜仗，必须锐意改革、勇于创新，必须科学统筹、科学管理，必须厉行法治、从严治军，必须作风过硬、作出表率，以饱满的精神状态和奋斗姿态为党工作，忠实履行好职责。

贯彻新时代党的强军思想 从高级干部抓起

十八大以来的5年，是党和国家发展进程中极不平凡的5年，也是我军发展进程中极不平凡的5年。

"恢复了一些带根本性的东西，破解了一些深层次矛盾，取得了一些开创性成果"，纵观5年来国防和军队建设的一系列历史性成就，贯穿的主线就是新时代党的强军思想。

坚持政治建军、改革强军、科技兴军、依法治军，更加注重聚焦实战，更加注重创新驱动，更加注重体系建设，更加注重集约高效，更加注重军民融合，5年来，"国防和军队建设上了一个大台阶"，在这一历史性进程中，新时代党的强军思想始终发挥着引领作用。

党的十九大为实现党在新时代的强军目标划定了时间表，提出必须全面贯彻党领导人民军队的一系列根本原则和制度，确立新时代党的强军思想在国防和军队建设中的指导地位。

习近平强调，"我军高级干部是强军事业的中坚力量，身上千钧重担，身后千军万马"。确立新时代党的强军思想在国防和军队建设中的指导地位，必须从军队高级干部抓起。

习近平提出的这6个"必须"从政治素质、实战能力、改革精神、管理水平、法治思维以及工作作风6个方面提出要求，正与新时代党的强军思想一脉相承。

如此强调，就是指明了军队高级干部贯彻新时代党的强军思想的关键和带兵治军的根本遵循。加上"必须"二字，体现的就是严字当头、一严到底。只有不折不扣地做到这6项要求，才能"以饱满的精神状态和奋斗姿态为党工作，忠实履行好职责"。

"必须对党忠诚、听党指挥"是前提和总领

6个"必须"中"必须对党忠诚、听党指挥"排第一，体现前提、总领之意。

"政治建军是我军的立军之本"，习近平不只一次这样强调。人民军队从革命战争年代走到今天，能够一直保持血性、保持本色，靠的就是坚强有力的政治工作。"党指挥枪"、坚持党对军队绝对领导无疑是

强军之魂。

2014年召开的古田全军政治工作会议上,习近平强调要把理想信念、党性原则、战斗力标准、政治工作威信这4个"带根本性的东西"立起来。几年来,我党我军光荣传统和优良作风得到恢复和发扬,人民军队政治生态得到有效治理。

迈进新时代的人民军队要不忘初心、牢记使命,最根本的还是要听党指挥,军队政治工作只能加强不能削弱,只能前进不能停滞,只能积极作为不能被动应对。

正因如此,党的十九大重申,必须全面贯彻党领导人民军队的一系列根本原则和制度,"坚持党对人民军队的绝对领导"作为新时代坚持和发展中国特色社会主义的一条基本方略突出写进十九大报告。

军队领导干部会议上,习近平就此作出强力部署,强调要加强思想政治建设,围绕学习贯彻党的十九大精神,深入贯彻古田全军政治工作会议精神,从严从紧加强军队党的建设,保持政治整训劲头和力度。

军队高级干部是军队中的"关键少数",政治工作首先要从高级干部做起,只有高级干部对党绝对忠诚,坚决听党指挥,才能确保党在任何时候都能牢牢掌握军队,在中国特色强军之路上始终步稳蹄疾。

能打仗、打胜仗是中心思想和最终目的

战场打不赢,一切等于零。党的十九大明确指出,军队是要准备打仗的,一切工作都必须坚持战斗力标准,向能打仗、打胜仗聚焦。

对于军队高级干部来说,就是要不断提高谋划打仗、指挥打仗、带兵打仗能力。

习近平提出的6个"必须",每一项都与打仗息息相关,中心思想

和最终目的就是确保人民军队招之能战，战之必胜。

其中，"必须对党忠诚、听党指挥"是根本保证，"必须善谋打仗、能打胜仗"是直接要求，其他四项则是基于国家安全环境的深刻变化和新形势下军事战略方针提出的充满时代性和战略性的重要课题。

军队高级干部能否做到"锐意改革、勇于创新"，事关继续深化国防和军队改革；能否做到"科学统筹、科学管理"，事关推进军事管理革命；能否做到"厉行法治、从严治军"，事关推动治军方式根本性转变；能否做到"作风过硬、作出表率"，事关全军将士的精神和意志。这些无一不是实现国防和军队现代化，全面建成世界一流军队的重要因素。

"身上千钧重担，身后千军万马"，军队高级干部只有紧紧遵循6个"必须"，才能适应世界新军事革命发展趋势和国家安全需求，让人民军队担当起党和人民赋予的新时代使命任务。

（新华社北京 2017 年 10 月 28 日）

第六章

写进人民心中的幸福故事

>>改革纵览>>

党的十八大以来民生新变化

在举世瞩目的"中国答卷"上,这样的问题格外醒目:

一个怎样的词汇,既牵系国家大计,又连接百姓生活?

一份怎样的情怀,承载不渝的使命,寄托着美好梦想?

一种怎样的力量,开启了幸福之门,聚合起亿万颗心?

党的十八大以来,以习近平同志为核心的党中央秉持以人民为中心的发展思想,把改善人民生活、增进人民福祉作为一切工作的出发点和落脚点。

在人民生活改善、命运转折、家庭变迁的万千故事中,有这个时代值得书写的民生进步,也有共产党人不忘初心的时代足迹。

这是雪中送炭的民生速度:"在扶贫的路上,不能落下一个贫困家庭,丢下一个贫困群众。"

甘肃省定西市通渭县马营镇赤砂村村民张志勤连日来忙得不可开交。除了家里的地,他还要侍候他的3头牛和5只羊。

通过村级互助资金协会的担保,张志勤第一次从银行贷款5万元,实现了"养殖梦"。虽然还没摘掉贫困的"帽子",张志勤家的生活正在一天天好起来。走进他的新家,"锁子厅"亮亮堂堂,自来水通到了灶台旁。

"以前土坯房四周裂缝,下大雨时那个心慌啊,担心房子会塌掉。那时出门几乎没有路,吃水要到山沟里挑。现在出门就是硬化路,还吃上了自来水,日子真是有奔头了。"

2013年2月,陇原大地天寒地冻,履新不久的习近平总书记来到这里。他入户同乡亲们唠家常,询问粮食够不够吃,低保有没有保证,看病有没有保障,孩子有没有学上,年货有没有备好……

党的十八大以来,从黄土高坡到茫茫林海,从雪域高原到草原牧区,从地震灾区到边陲小镇,中央领导同志风雨兼程、访贫问苦的足迹,几乎覆盖全国14个集中连片特困地区。

踏遍千山万水,习近平总书记"最牵挂的还是困难群众"。

全面小康路上,人民群众奋力追赶,力争"一个都不掉队"。

在山东菏泽,1200余户贫困户的4000余亩土地已全部纳入牡丹种植基地,1100余名贫困群众在基地务工,每年土地租金和务工收入人均达近5000元。

在云南昭通,党支部、合作社、企业、贫困户协同发展的模式,正在让这个建档立卡贫困人口超过111万的地方,焕发新的生机与活力。

在贵州遵义,有史以来规模最大的异地搬迁扶贫行动正在按照"量身定制"的原则,让农村贫困群众在中心集镇、工业园区、旅游景区自主安家、顺心谋划致富路。

设定时间表、留出缓冲期、实行严格评估、实行逐户销号……对标党中央提出的具体要求,全国各地正在用"绣花"的功夫把扶贫工作做实做细。

历史，会记住这个奇迹：2013年至2016年，农村贫困人口每年都减少超过1000万人，累计脱贫5564万人，相当于一个中等国家的人口总量。未来3年，还将有4335万人陆续脱贫。

美国圣托马斯大学政治学教授乔·泰勒表示，中国在减贫方面取得的卓越成就令他印象深刻，这向世界证明了西方模式之外的另一种发展道路的可行性，不仅对中国本身意义重大，也对全球减贫事业产生了深远影响。

好日子，正一步一个脚印地走来：

特困人员救助供养制度已实现城乡统筹。去年全国共救助城乡低保对象6000多万人，约占全国总人口的4.5%。

农村贫困人口大病兜底保障机制已涵盖基本医保、大病保险、医疗救助、健康扶贫补充保险等各具特色的保障措施，农村贫困住院患者县域内"先诊疗，后付费"工作方案将为更多特困群众解决燃眉之急。

国家层面已建立两项残疾人补贴制度。截至2016年11月底，共计841万生活困难的残疾人领到了生活补贴，866万重度残疾人领到了护理补贴。

保障性安居工程建设正扎实推进。截至2016年底，已有1000万户居民住进公租房。未来3年，还将有1500万户居民实现"出棚进楼"的梦想……

这是直抵人心的民生温度：百姓的小事就是国家的大事，人民的期盼就是经济社会发展的"指南针"

入夏时节，福州市军门社区居家养老服务照料中心人流不减。时不时有老年人走进这个粉墙黛瓦的四层仿古建筑，向工作人员了解咨询。

坐着新装上的座椅式电梯，84岁的吕云娥来到三楼。这位参加过抗美援朝战斗、有着60多年党龄的老党员,对近年来发生在这里的变化欣慰不已。这两年,社区进一步加大了对养老事业的扶持力度,引入社会力量参与照料中心的运营管理。

"保持经济增长速度、推动经济发展,根本还是要不断解决好人民群众普遍关心的突出问题。"2016年岁末,隆冬已至,习近平总书记在中央财经领导小组第十四次会议上专题研究6个民生问题。

北方地区怎样实现冬季清洁取暖,在群众温暖过冬的同时让雾霾天少一些?垃圾分类制度如何才能有效推行,让垃圾围城的现象少一点?农村禽畜养殖废弃物如何实现资源化处理,推动一场能源革命?养老院的服务质量如何提高,让2亿多老年人颐养天年,让他们的子女后顾无忧?住房租赁和房地产市场怎样规范发展,让全体人民住有所居?食品安全如何监管,让"舌尖上的安全"更有保障?

百姓的柴米油盐,摆上了中南海的议事案头。

刚刚过去的这个取暖季,河北省保定市大祝泽村雷会清用政府补贴购买了壁挂炉,用上了天然气。"临睡前再不用下床封火,做饭前也不用'伺候'锅炉了。算算费用也没贵多少,生活可是舒服多了。"

桂林鸣翠新都小区居民邓彼克家里有两个垃圾桶,一个在厨房里装剩饭剩菜等厨余垃圾,一个在客厅里装废纸等生活垃圾。通过刷卡积分、抽奖表彰等创新机制,桂林1.3万多户、3.9万多名居民已踊跃参与垃圾分类,"垃圾围城"的烦扰渐行渐远。

在辽宁,55岁的阜新市清河门区乌龙坝镇靠边屯村村民张国令今年4月签约成为蚯蚓养殖户。"养了蚯蚓卖到垃圾处理站,让蚯蚓帮着吃垃圾,再把蚯蚓的粪便卖做有机肥,估计每年每亩地能有四五千元的收入。要是大家伙儿办起合作社,以后就不担心禽畜粪便到处都是了。"

村民们踊跃参与的辽西粪污综合治理与利用示范项目一期工程竣工后，有望年处理有机废弃物 30 万吨，其中预计年处理畜禽粪便 19 万吨，可覆盖乌龙坝镇 80 公里半径内的畜禽养殖环境。

在北京，30 岁的张健向燕保·马泉营家园项目处提交了个人及家庭资料，签下《配租申请表》和《承诺书》。"如果能住在这里，就是'新北京人'了。"现在他每天从顺义的家赶到朝阳的上班地点，先坐公交再挤地铁，单程就要一个半小时。

随着非京籍无房人士开展的公租房自住房专项分配试点启动，这个"北漂 9 年"的秦皇岛人有望告别"居无定所"的状态，"真正安个家"。

在成都，大妙火锅店门口的一块电子触摸屏每天都吸引着无数顾客驻足，拿出手机扫一扫屏幕上的二维码，餐桌上的食材是哪里种的、农药是否有残余、配送流程怎样都一目了然。

依托政府主导、企业开发的大数据平台，全市已有近 6 万家食品供应单位和个人注册使用，实现了从农田到餐桌"流通千万里、追溯零距离"，着力保障"舌尖上的安全"。

……

民之所忧，我之所思；民之所思，我之所行。

"检验我们一切工作的成效，最终都要看人民是否真正得到了实惠，人民生活是否真正得到了改善，人民权益是否真正得到了保障。"

老百姓点滴获得，积聚起民生丰碑。

这是持续刷新的民生刻度：在人民诉求全面升级的时代，民生的痛点就是改革的着力点、发展的落脚点

"早上买菜顺便过来测个血糖！"厦门市厦港街道退休职工陈翠兰

我国养老服务体系不断完善

提升养老院服务质量,实现"老有所依"

2016年 我国60岁及以上人口 2.3亿人 16.7%

预计到2020年 老年人口将增加到 2.55亿人 提升到17.8%左右

占总人口比重

用好管好养老金,实现"老有所养"

2017年1月1日起 我国为2016年底前已按规定办理退休手续并按月领取基本养老金的企业和机关事业单位退休人员提高基本养老金水平

- 8900多万 企业退休人员
- 1700多万 机关事业单位退休人员

因此受益

我国政府多管齐下,为养老金拧紧"安全阀"

▶ 建立了目前市值2万亿元的全国社会保障战略储备基金,未来可用来补充职工基本养老保险基金,缓解老龄化带来的养老金支付压力

▶ 建立了职工基本养老保险基金投资机制,力求实现养老保险基金的保值增值

▶ 划拨部分国有资本,弥补"老人"和"中人"的养老保险转制成本

▶ 各级政府依法承担养老金按时足额发放的兜底责任,增强制度的公信力

▶ 进一步完善职工基本养老保险制度,包括完善省级统筹制度,进一步提升统筹层次等

多措齐举,提升老年人的获得感和幸福

2017年6月份 国务院办公厅印发了《关于制定和实施老年人照顾服务项目的意见》

● 从我国国情出发,立足老年人服务需求,明确了20项老年人照顾服务的重点任务,涵盖保险、教育、出行、医疗等多个方面,力争让老年人享受到更多看得见、摸得着的实惠

民政部社会福利和慈善事业促进司副司长孟志强表示

截至2016年底 全国已有
- 27个省份出台了高龄津贴政策
- 20个省份建立了养老服务补贴制度
- 17个省份建立了老年人护理补贴制度

新华社发(大巢制图)

患糖尿病20余年，常年需要服药。得益于慢病分级诊疗改革和家庭医生签约服务，陈翠兰在家门口的社区卫生服务中心就能领药了。

今年起，签约家庭医生的厦门市民，在基层就可以开到4周至8周的处方用药量，还能免除500元医保起付线。福建作为全国首批4个综合医改试点省份之一，正在以实实在在的惠民政策向3800万民众送出一份"医改红包"。

4年多来，医改直面医疗资源结构不合理、分布不均衡的"中梗阻"，专攻公立医院、药价虚高等最难啃的"硬骨头"，力争让所有人看得起病也看得好病，成为全面深化改革最直观、最生动的观测窗口。

截至2016年底，全国养老保险参保人数达到8.9亿人，医疗保险参保人数超过13亿人，基本实现全民覆盖。

到2017年底，分级诊疗试点扩大至85%以上的城市，公立医院综合改革将全面推开，所有公立医院全部取消药品加成（中药饮片除外）。

在利益格局复杂多样、民生诉求全面升级的新时期，群众合理的期待不能忽视，现实条件的制约也不能轻视，民生事业要在寻求"最大公约数"的前提下"切好每一块蛋糕"。

人民期盼有更好的教育。在城市，优质义务教育资源供不应求，既要"离得近"又要"上得好"的需求日益旺盛；在农村，上大学仍被奉为"知识改变命运"的重要途径，"寒门出贵子"的渴求依然强烈。

人民期盼有更稳定的工作。国内外经济形势复杂多变，劳动力供给总量压力犹在，人岗不匹配的结构性矛盾依然突出，高校毕业生就业、去产能职工分流安置任务繁重。

人民期盼有更可靠的社会保障。城乡养老并轨，机关事业单位人员告别"免缴费"又面临参保新问题；城镇化加速，进城务工人员和他们的子女更想拥抱"城市梦"……

"世界第一人口大国，破解每一个民生问题都是世界性难题。"中国国际经济交流中心信息部部长王军说，全面建成小康的过程也是不断破解民生难题的过程。

在深圳生活工作了22年的北京人臧建鸣还收藏着早年办的"暂住证"。"那时不办的话可能被收容遣送，睡觉都不踏实。"

"暂住证"换成"居住证"。一字之变，臧建鸣享有"准市民待遇"，除了子女入学、看病就医、社会保险、房屋租赁等多种公共福利，赴港澳办理出入境手续也不用再返回原籍。

民生的关切就是改革的方向，发展的渴望就是改革的动力。

国家发展和改革委员会社会发展研究所所长杨宜勇说，党的十八大以来，户籍制度改革、考试招生制度改革、农村土地制度改革、公立医院综合改革、环保改革、司法体制改革环环相扣，与民便利、为民让利，改革红利不断转化为民生利好。

在经济下行压力较大、财政收入增速放缓的情况下，民生指标逆势上扬，为治国理政成绩单不断增添耀眼亮色：

新增就业连续五年超1000万，企业职工的养老金连续12年增加，全国居民人均可支配收入增速持续跑赢CPI……

中国人民大学教授、中国社会保障学会会长郑功成认为，十八大以来的发展实践表明，我国经济增长虽然从高速转为中高速，但民生改善的幅度不断加大。由此产生的一个良性结果就是内需对经济增长的贡献率不断提高，今年上半年内需的贡献率达到110.4%，同比提高14.5个百分点，成为国民经济持续较快发展的最大引擎。这正是经济发展与改善民生形成良性循环的重要标志。

中央深改组2016年审议通过96份改革文件,涉及社会民生的有25份。改革保障民生缓解后顾之忧,民生催动改革扫清前行之碍。

从"零门槛"注册公司到"三证合一、一照一码",商事制度改革不断攻坚,平均每天涌现万户新企业;"营改增"等税制改革和一系列减税降费政策,助力创新创业创造更多就业;"政府购买服务"、PPP(政府和社会资本合作模式)等热词不断涌现,市场"补台"弥补养老、医疗等公共服务缺口,为社会治理带来新模式、新格局。

正如习近平总书记所指出的:"从解决好人民群众普遍关心的突出问题出发推进全面小康社会建设,符合推进供给侧结构性改革的要求,有利于创造新的增长点、提高长期增长潜力,而新的增长点就蕴含在解决好人民群众普遍关心的突出问题当中。"

"把人民的事办好了,把百姓的困难解决了,经济增长才有持久的动力。像修建高铁等基础建设,既能拉动眼下的经济增长,又便利百姓出行,让城市、乡村的人流、物流更加顺畅。"全国人大代表、中铁电气化局一公司员工巨晓林说。

"民生不是只有投入没有产出的'纯福利'。"中山大学社会保障与社会政策研究所所长岳经纶说,从几千万贫困人口脱贫释放的巨大消费潜力,到城镇棚户区和城乡危房改造激发的市场新需求,再到教育、环保、医疗、物流等产业广阔的发展前景,都说明新的增长点就蕴含在13亿多人的发展需求深处。

这是不懈追求的民生高度:"人民对美好生活的向往,就是我们的奋斗目标。"

又到毕业季,天津理工大学机械学院毕业生金蔚并没有忐忑焦虑。

去年暑假，学校组织到天津市职业技能公共实训中心免费参加"工业机器人"专项职业能力培训，他被一家科技公司相中，提前签订了就业协议。

"有这么多项目为我们搭桥铺路，相信努力就会梦想成真。"金蔚说。

就业是民生，创业也是民生。雨后春笋般的个体经济，几何增长的共享经济，如火如荼的"大众创业、万众创新"，是人民潜在的需求催生的，也是人民发展的需求支撑的。

2年前，热爱骑行的"90后"北大毕业生张巳丁曾写下《我们有一个梦想：让北大同学随时随地有车骑》，而今，他与同伴联合创立的OFO"小黄车"已遍布各大城市街头，"共享单车"也成了高考作文命题中的热词。

作为最活跃的创新业态，以"共享单车"为代表的共享经济正驶入发展快车道，驱动着生产、就业、消费的变革；众创平台、众创空间大量涌现，搭载千千万万多姿多彩的个体梦想。

共建是民生，共享也是民生。从成为全球第一个全面承认网约车合法化的国家，到制定《网络餐饮服务监督管理办法（征求意见稿）》，从放宽国际邮轮入境旅游团限制，到清理取消申办养老服务机构的不合理前置审批，全面小康的建设与民生需求的旺盛相辅相成、深度契合。

金山银山是民生，绿水青山也是民生。

初夏，竹海掩映中的浙江省湖州市安吉县天荒坪镇余村格外清凉，引来络绎不绝的游客。

十几年前，这里还是另一幅景象。

自上世纪70年代开始，作为安吉县最大的石灰岩开采区，余村80%的村民从事和矿山有关的工作。"烟尘漫天，开窗通风、室外晾晒衣服都是奢侈。果树被厚厚的粉尘覆盖，结不出果实，山笋也连年减产。"

村民们对那段日子记忆深刻。

而今，生态旅游成为当地新发展模式，当地的人们感叹："原来靠卖石头挣钱，现在靠卖风景致富。石头卖完就没了，风景带来的却是长长久久的幸福安康。"

物质富足是民生，精神充盈也是民生。

家住安徽芜湖繁昌县的 62 岁的吴亚萍，8 年前遭遇自己突然失明、丈夫罹患尿毒症的双重打击。"是文化馆的朋友们帮了我，是钢琴和文学救了我！"这个在黑暗中有了轻生念头的妇女，在文化馆的结对帮扶下，开始了一对一的钢琴演奏训练。

现在，吴亚萍不仅能独立完成盲弹曲目，还经常发表诗歌散文，组织社区居民成立朗读沙龙。夫妇俩自勉自励，顽强与病魔抗争，欢快的笑声重新回到这个温暖的家庭。

当下的收获是民生，未来的期许也是民生。

2017 年 5 月 12 日，从重庆启程的班列满载 22 车集装箱货物，在广西北部湾港完成通关后，即将向着新加坡及其他国家和地区进发。

这是"渝桂新"国际联运通道首次全程贯通试运行。通道建成后，向北连接丝绸之路经济带，向南连接 21 世纪海上丝绸之路，中国西部地区将更好融入"一带一路"。

追求国家和民族的进步是民生，超越种族与国界、与人类的文明进步、长远福祉同频共振也是民生。

向南南合作援助基金增资 10 亿美元，在沿线国家实施 100 个"幸福家园"、100 个"爱心助困"、100 个"康复助医"等项目……从人口到市场，从创新到共享，"一带一路"传输的中国动力，正是民生改善的世界红利。

有人说，一个国家的前途并不取决于其国库之殷实和公共设施之华丽，而是取决于这个国度的公民能否实现自由而全面的发展。

"国计民生"——这个在绵延千年的汉语中始终固定在一起的词汇，早已把国家的前途与亿万人民的命运紧密联结在一起。

4年多前，这些挑战与考验摆在了新一届党的中央领导集体面前：如何调整优化国民收入分配格局，缓解"不患寡而患不均"的社会焦虑？如何发展更加公平的教育，让每个孩子上得起学又上好学？如何织密织牢社会保障安全网，使困难群众"求助有门、受助及时"？对生态改善的急盼，对物价低一点的渴望，对看病少折腾的期盼，又该如何解决？

现在，在五大发展理念的牵引下，民生的"升级版"工程与百姓的"幸福感"程度相得益彰、积极呼应。

"意莫高于爱民，行莫厚于乐民。"从人民中走来的中国共产党始终不忘从人民中汲取伟力。

4年多前，刚刚履新的习近平总书记曾向世界庄严承诺："人民对美好生活的向往，就是我们的奋斗目标。"

塞内加尔中国问题专家、《中国与非洲》一书作者阿达玛·盖伊认为，为了人民，正是良政的初衷。"中国的惠民工作不但发展迅速，而且注重均衡与公平，这非常令人钦佩。"

小至一厘一毫，大到千家万户，近在一朝一夕，远到千秋万代……民生连起中华民族世代渴求的复兴伟业，印证赶考路上的赤子初心。

那些幸福花开的故事，已经写进亿万人民的心间。

（新华社北京 2017 年 6 月 26 日）

> 深度解读

中国反贫困斗争的伟大决战

2017年6月，瑞士日内瓦。

联合国人权理事会第35次会议上，中国代表庄严登上发言席，代表全球140多个国家，就共同努力消除贫困发表联合声明。

这是全球与贫困斗争的历史上，中国人刻下的一座里程碑。

联合国开发计划署前署长海伦·克拉克说："中国最贫困人口的脱贫规模举世瞩目，速度之快绝无仅有！"

久困于穷，冀以小康。

这是中华民族千年追求的梦想；

这是中国共产党人初心不改、前赴后继的百年拼搏；

这是党带领人民用短短30多年让7亿多人脱贫，并将在未来3年让4000多万群众走出绝对贫困的伟大决战。

"我们要立下愚公移山志，咬定目标、苦干实干，坚决打赢脱贫攻坚战，确保到2020年所有贫困地区和贫困人口一道迈入全面小康社会。"

未来1000余日，决战进入倒计时。以习近平同志为核心的党中央正在带领全国各族人民，以非凡的意志和智慧，镌刻出中国反贫困斗争伟大决战的时代画卷。

这是中国共产党的使命，只要还有一家一户乃至一个人没有解决基本生活问题，就不能安之若素

山西吕梁，中国最贫瘠的土地之一。这里山大沟深，十年九旱，13个县（区、市）中还有10个尚未脱贫。

上世纪30年代，中国共产党晋绥抗日根据地在此创立。

穿越时空80载，几位当年参加对敌斗争的老战士清晰见证，从反侵略、大生产、闹土改，到如今的脱贫攻坚，党带领人民谋幸福的脚步从未停歇。

2017年6月21日，习近平总书记风尘仆仆来到他们中间。此时，中国反贫困斗争决战鏖战正酣，脱贫攻坚进入重点解决深度贫困问题的阶段。

吕梁之行，习近平总书记完成了一个心愿——走遍全国14个集中连片特困地区。

在这里，他发出坚强有力的动员令——

"攻克深度贫困堡垒，是打赢脱贫攻坚战必须完成的任务，全党同志务必共同努力。"

在中华民族近代史上，贫困如影随形：多灾多难、饿殍遍地的记录不绝如缕。尤其是西方列强的欺辱、难以计数的赔款，让中国戴上更为沉重的苦难枷锁。

1921年，中国共产党成立。与追求民族独立、人民解放相伴，摆脱贫困落后，成为一代代中国共产党人铭记于心的使命、扛在肩头的责任。

从土地革命、新中国成立到改革开放，中国共产党不仅历史性铲除了导致中国积贫积弱的制度根源，更不断创新思想和方略，带领中华民族向着千年小康梦想奋勇进发。

不忘初心，风雨兼程。近百年的历史坐标下，中国反贫困斗争使人民生活天翻地覆。

2012年，党的十八大召开，历史的接力棒传递到以习近平同志为核心的党中央手中。此时，中国反贫困斗争进入新的阶段。

国际经验表明，当一国贫困人口数占总人口的10%以下时，减贫就进入"最艰难阶段"。2012年，中国这一比例为10.2%。

非常之阶段，需要非常之谋划、非常之举措。4年多来，习近平总书记花精力最多的是扶贫工作，去得最多的是贫困地区，牵挂最多的是贫困群众，在脱贫攻坚中，他亲自挂帅、亲自出征、亲自督战。

4年多来，以习近平同志为核心的党中央把脱贫攻坚摆到治国理政突出位置，提出精准扶贫方略，带领全国各族人民向着最后的贫困堡垒发起总攻。

最嘹亮的号角吹响，最艰难的冲锋开始。

江西井冈山，茅坪乡神山村，村干部制作好脱贫攻坚作战图，牢牢钉在墙上。

贵州乌蒙山，迤那镇五星村，扶贫工作队完成一笔一画绘制的扶贫作战图，小心揣进怀中。

相隔千里，两份作战图上，描绘的是不同的山川与村庄，勾画的却是一个个同样醒目的红色标注：那里代表贫困。

一张巨大的决战图，已迅速在中国大地铺开——

14个集中连片特困地区、12.8万个贫困村，这是跨越中国中西部广阔版图的主战场；

"五级书记抓扶贫"，层层立下军令状、责任书，这是指挥高度统一的大会战；

19.5 万名第一书记驻村，77.5 万名干部帮扶，这是不拔穷根绝不撤退的突击队；

……

中国共产党执政体系上的各层"链条"全面转动。

每年脱贫约 1000 万人，意味着每月脱贫要达到近 100 万人，每分钟脱贫约 20 人，这是一场进入读秒时间的决战。

贫有百样，困有千种。

只有真正了解有着广阔疆域、苦难历史的中国，才能真正读懂中国反贫困斗争的艰巨。

一些贫困村、贫困户连找到都很困难——

贵州武陵山区腹地，一口刀村，村民田桂花家。

远远望去，仿佛挂在尖刀的刀背上。

举目皆是山，遍地都是石。即使是巴掌大的石缝间，也被栽下一颗玉米苗。家门口的 1.5 亩水田，是田桂花所在高毛组唯一一块水田，34 户村民们轮流耕种。

石头缝里求生存。村民们世代辛劳，世代贫苦。

一些贫困千年未解甚至被认为无解——

甘肃定西，千沟万壑，旱渴荒凉。

"陇中苦瘠甲天下"，100 多年前，清朝陕甘总督左宗棠的那声叹息至今仍回荡在历史的长空。40 多年前，联合国专家来此考察，给出的仍是绝望的评价："这里不具备人类生存条件"。

相比于自然条件，另一种贫困则集中于最难改变的思想观念领域——

云南滇西边陲山区，苦聪人寨子。

上世纪50年代，解放军从原始森林中找到这个拉祜族支系时，苦聪人一下子从刀耕火种、衣不遮体的原始社会直接进入社会主义社会。千年一瞬的巨变下，苦聪人转变观念仍在路上。

直到2014年，这里没人好好读过书，绝大多数不会说汉语，全村6岁至14岁的26个儿童全部失学。

"让娃读书吧！"帮扶干部黄素媛挨家挨户动员。

"娃还要砍草喂猪哩。"村民们难为所动。

黄素媛给村民们送来一台台34英寸彩电，条件是收了电视的家长得让孩子去上学。

终于，村里开始有了第一批学生，老师从教他们洗脸、洗脚开始。孩子们一点点开始汲取知识，家长们也越来越主动送孩子上学……

从历史中走来的决战，唯有以创造历史的坚毅才能攻坚，唯有以继承历史的奉献乃至牺牲才能打赢。

柴生芳，甘肃定西临洮县原县长。2014年8月15日，在连续工作超过17个小时后，45岁的他和衣睡在办公室里，再也没有醒来。身上的被子只盖了一角，一旁的萝卜只咬了一口。

这个戴着眼镜、本可一路顺风进高校、当教授的海归博士，怀揣一颗赤子之心，最终选择用生命为"苦瘠天下"的家乡亲人奔出一条脱贫之路。

在临洮的3年里，柴生芳转如陀螺：

323个行政村他走遍281个，写下29本工作日记；

偏远贫困的苟家山村，到县城来回需颠簸数小时，他去过11次；

临洮县贫困人口，从他来时的11万人，减少为不到5万人。

柴生芳走了。苟家山村村民从几十公里外赶来，与万人一同上街，为他送上最后一程。"县长来我家11次，连一口水也没喝过……"一位村民痛哭流涕。

李和林，四川南充市大林镇李家坝村原村支书。查出胃癌晚期后，依然与死神竞速般高强度工作，家里除了一台21英寸的老式彩电，一贫如洗，英年52；

姜仕坤，贵州晴隆县原县委书记。从放牛娃成长起来，立下"只要县里还有一个人没有脱贫，我就不能休息"的誓言，但常年高负荷工作，却最终让这个硬汉倒下，年仅46；

蒋富安，四川美姑县四峨吉村原第一书记，劳累猝死，告别26岁的青春。送别时，村民泪流满面："你不是说好今后有了娃，也要送到村里幼儿园么？"

……

2013至2016年间，120多名共产党员牺牲在反贫困斗争的决战场上，用生命与付出铺就百姓致富路。

乌江滚滚，在武陵山中逶迤蜿蜒。峡谷间，一艘艘小船正浮于江面，逆流而上。在村支书的带领下，一口刀村的村民们带着被条、猪油、斗篷……彻底搬离这座困住他们的大山；

六盘山下，定西在这场艰苦的鏖战中，"县不漏乡，乡不漏村，村不漏户，户不漏人"，走出了一条造血式扶贫新路；

吕梁山深处，一座座新村迎来易地扶贫搬迁的新主人，告别深山沟的乡亲们带着希望开始建设他们的新生活。

不屈于命运，不甘于贫困，竭尽拼劲、韧劲和闯劲，以伟大的决战标注民族精神的新高度

有一种精神叫"不屈"，推开甘肃定西扶贫开发纪念馆的大门，它扑面而来。

定西，年人均水资源量仅为全国三成。不毛的土山、漫天的黄土和山坡上踟躅的放羊人，是人们最深的记忆。风沙吹了一年又一年，吹出人们脸上的皱纹沟壑一样深。

难道这里的土地只能生长贫穷？

定西人不信！

干旱缺水，定西人就发明"水窖抗旱法"，截至目前，定西已挖了30多万眼水窖；降雨少，小麦不行，就摸索种土豆，成了全国土豆三大主产区之一；冰雹多，地上庄稼常遭灾，就种根茎类药材，发展成全国中药材种植、加工和交易的重要基地。

有一种信念叫"不甘"，它鼓舞着人们铆足一股劲改天换地。

贵州省织金县核桃寨地处群山深处，无路，背篓伴随这里每一个人生。

娃娃在背篓里长大，又继续背着背篓起早摸黑在大山里讨生活。一条布满脚印的山中小道，当地人走起路来大都是身子向山壁一侧倾斜，脊背微拱，一手扶着土石树木，一手反背在后，托着背篓，抬头望向前方——这个姿势仿佛成了历史的定格。

背篓太小，装得下几口人的生计，却装不下一家人的幸福。山里的好东西运不出去，山外的好日子也背不进来。村民好不容易喂大的猪，准备赶到山下卖个好价钱，常常还没等赶出山，猪便累死在半路。老人对年轻人经常说的就是"有本事就出去别回来"。

村里出去的年轻人还是回来了。2011年春节，一个叫杨文学的青年揣着在贵阳用背篓挣下的13万元，回来装修新房。酒菜摆好，杨文学招呼大伙儿坐下来"摆龙门阵"：

"从小当'背篓'，背了10多年，还是这么穷！"

"外面的路这么好，什么时候咱这也能有路？"

"难！怕是这辈子等不到了。"

……

你一言，我一语，几杯米酒下肚，愁云笼罩心头。

杨文学"腾"地站了起来："不修房了，钱拿来修路，谁愿一起干？"

"干，再苦再难也要刨出一条路来！"饭桌上的人先是一愣，然后异口同声。

无路难，开路更难。热火朝天地干了两个月，毛路还没见影儿，没钱了。寨子里22名年轻人凑在一起喝了顿酒，第二天背上背篓再次出发"闯贵阳"，发誓"背条大路回故乡"。

杨文学们背篓筹钱时，"背篓哥修路"的故事在十里八乡传开来。人们被这些年轻人的梦想深深感动着：有捐钱的，有捐砂石的，寨子里越来越多在外地打工的人回来出工出力……

一千多个日夜，抹平了最后一块水泥，一条紧贴悬崖、跨越河谷、穿寨入户的两公里连寨路竣工了。

一通百通，核桃寨的"小康路"越来越宽。通路两年多来，寨子里盖了30栋新房。当年当"背篓"的年轻人放下背篓回来搞起了养殖和特色种植，产业已成规模。

脱贫有多难，这片热土上的人就有多拼。

杨文学们"背"出一条路的脱贫故事，在千里之外的定西、井冈山、秦巴山区，在全国每一个贫困角落上演着，一条条脱贫致富的新路正不断在人们的脚下伸向远方——

30多年前，定西顶着脱贫的巨大问号；30多年后，定西人把这个问号变成了巨大的惊叹号：贫困人口由1982年的170万人下降到2016年底的37万人，贫困面从78%下降到14%，农民人均纯收入从当初的105元提高到2016年的5854元。

90年前，井冈山的乡亲们手捧着分田地后收获的玉米，唱着《十送红军》送亲人；90年后，井冈山全市4000多贫困户靠着自强不息的精神摘掉了贫困的帽子。

"快顶不住时，就躲在屋里哭一场，哭完后，继续干活。"回忆起自己的脱贫路，井冈山荷花乡高陇村49岁的村民梁清香感慨万千。她身后，竹林掩映中的三层小楼格外引人注目。盖起这房子，她用了12年。

丈夫截瘫，公婆多病，儿女年幼，她从不叫一声苦，从下地种田上山种树，到养猪养牛，靠自己的双手一点点改变着贫困的现状……

每一个贫困户，都有一个自己的战场。

"宁愿苦战，不愿苦熬"。这是一幅写在篱笆墙上的标语，字迹歪歪斜斜，却振奋人心。

"为啥想到写这幅标语？"

"为栽花椒树，去年我在山坡上砍荒，到处是荆棘，双手流了很多血。但是，要想脱贫就不能当懒人。种花椒树跟红军打仗一样，剩我一个人也要打赢。所以我在墙壁上写了这八个字。"四川省通江县柳林村贫困户李国芝说。

柳林村，位于秦巴山区深处的一座山顶上，山下是通江县两河口乡。

1932年,红四方面军挺进四川占领两河口,迈出了创建川陕革命根据地的第一步。

"宁愿苦战,不愿苦熬"。这是当年革命精神的继承,是今天反贫困战场上人民群众的坚守。

改革是重锤。与贫困斗,唯改革者赢,唯改革者进

王洪梅,河南省滑县大子厢后街村党支部书记。

2016年12月12日,她在日记中这样写道:

"今天有点阴冷,人们仍然热火朝天地在村里葡萄园干活,一座座现代化的葡萄大棚慢慢露出了雏形。这一切,都源于村里搞土地流转……60岁的王长发土地流转了,还长期在葡萄园打工,一年能挣近2万元。村民高兴,我心中也是美滋滋的。"

"土地流转",这一载入中国反贫困史册的新词汇,标刻出当代中国又一新的巨大变革。

这不由让人们又想起了30多年前的那个冬夜——

安徽小岗村的一间旧屋内。

35岁的严金昌和另外17户村民以"托孤"的方式在白纸条上按出一片红手印,把村里土地包产到了户。第二年,严金昌等村民家的院子里第一次堆满了粮食。

30多年后,严金昌又一次按下红手印,将家中的10亩土地流转出去。第二年,他家年收入第一次突破10万元。

两次红手印,两次巨变,印证了同一个历史逻辑——穷则变,变则通,通则久。与贫困斗,唯改革者赢,唯改革者进。

从前不敢碰、不敢啃的"硬骨头"被一一砸开,见证着改革的勇气,推动着反贫困斗争一步步走向胜利。

这是一场仍从土地入手的历史性变革——

"土地流转",林权制度改革,农村集体产权制度改革……带来了我国农村生产力的又一次大解放。

吕胜勤老汉这样讲述土地流转给自己生活带来的变化:"我现在是到地里上班了。"他说,"干的活轻松,离家还近。"

吕胜勤是山东菏泽市孟庄村人,他去年把家里全部5亩多地流转到牡丹专业合作社,开始收租金、给合作社当工人。

"5亩多地一年租金就是9000多元。"吕胜勤脸上一直挂着笑。

土地流转唤醒了农村"沉睡的资本"。截至去年,全国农村土地流转面积4.71亿亩,超过耕地总面积35%。全国农户家庭农场超过87万家,依法登记的农民合作社超过188.8万家。

从山下的土地延续到山上林地,与土地流转"二重唱"的是林权改革。

上世纪80年代,由于一些历史原因,以家庭联产承包责任制为主要方式的农村土地改革,没有延续到山上,山林一直属于集体所有。

回忆起那段日子,福建省武平县捷文村的村民李桂林感触颇深:"全村164户村民守着2.6万亩林地,却过着穷日子。"

2001年12月30日,李桂林领到了全国第一本新式林权证。转过年来的初夏,时任福建省省长的习近平到武平调研,作出了"集体林权制度改革要像家庭联产承包责任制那样从山下转向山上"的指示,林权改革在福建全面推开。2008年,这项改革在全国全面铺开。

所有权明晰,激发了群众的积极性,让山定权,树定根,人定心,林农走上了致富路。

这是一场涉及干部责任的制度性变革——

改革贫困县考核机制，扶贫开发成为考核的主要内容，提高贫困人口生活水平、减少贫困人口数量、改善贫困地区生产生活条件成为考核的主要指标。

"在2016年扶贫开发工作成效考核中，我县考核结果全省挂末。对此，县委、县政府集体深刻检讨，作为县委书记和全县脱贫攻坚第一责任人，我负主要责任。"

2017年5月，贵州省天柱县委书记陆再义，在一次全省的大会上作出公开检讨。

看GDP，天柱并不差：在全省处中游，在所属自治州处上游，但作为国家扶贫开发重点县，因为贫困人口识别退出不精准，在这次全省脱贫攻坚综合考评中排名垫底。

在大会上作检讨，让陆再义深受震撼。"我们已经没有退路，到了破釜沉舟、背水一战的境地。"

县里四大班子专门建了"知耻后勇脱贫攻坚"微信工作群；16个乡镇对脱贫数据逐一进行入户调查核实；每月开一次脱贫攻坚大比武现场会，各战区各乡镇在擂台上晒成绩、亮短板……

改革带来工作重心的转变，广大贫困地区干部状态、当地贫困人口的生活面貌，都"脱胎换骨"。

贫困地区党员干部不再唯GDP，贫困乡亲的生活小事成了他们的心心念念。

罗军元，江西省农业厅派驻到井冈山新城镇排头村担任第一书记。翻开他的工作日志，就能感受到他日日挂心的"小事"："搜集24个贫困户的'微心愿'，让农业厅的同事认领；重阳节，为24个80岁以上的老人每人送上一床棉絮、一个暖手袋……"

"'微处发力'让百姓待自己就像朋友一样,能够和我一起撸起袖子加油干。"罗军元说。

这是一场以市场为导向的根本性变革——

井冈山人便走在这条路上。

清晨,黄坳乡刚刚从沉睡中醒来,乡电商服务站的黄小华又开始了一天的忙碌。"从开业到现在一年多,寄出了 1.7 万多个包裹,价值 160 多万元哩!"拿着厚厚一沓快递单,黄小华告诉记者,这些寄出的商品大多是贫困户生产加工的,其中合作社入股的 46 户贫困户是最直接的受益者。

井冈山 18 个乡镇都有电商扶贫站点,"前店后村"的电商产业模式带动 2446 名贫困群众增收致富。

山东沂蒙山的农民也走在这条路上。他们竟把自己种的蜜桃卖到了 6000 公里外的中东迪拜。

历史上,沂蒙山"四塞之崮、舟车不通、外货不入、土货不出"。沂蒙深处的毛坪村,有着果业种植传统。过去这里种出来的水果只在周边销售,果农辛辛苦苦一年挣不了几个钱。

将蜜桃卖到迪拜的人叫刘宗路。

2015 年,他得知迪拜的蜜桃价格很高,但路途遥远,往往还没运到迪拜就已经腐烂了。

别人听个热闹,刘宗路却上了心。随着国家推进"一带一路"建设,刘宗路越发觉得万里之外有商机。

他跑到上海,请教国内水果保鲜权威专家,改进储存方法;咨询了海关,改进了报关流程……

刘宗路成功了。4 万斤蜜桃到达迪拜,基本完好无损,几毛钱一斤的蜜桃，在迪拜卖到了十几元。

思路一变天地宽。

全面深化改革，打开了脱贫的万千路。

一根稻草抛不过墙，一根木头架不起梁。扶一把，送一程，社会主义的政治优势和制度优势，为反贫困斗争凝聚无坚不摧的伟大力量

入夜，秦巴山区深处的甘肃宕昌县。微弱的煤油灯下，一个男人攥着木炭，在坑坑洼洼的泥墙上一笔笔画着：

车头、车轮、车厢……粗糙的墙面上，浮现出一列火车的轮廓。

"这就是火车？"抱着刚出生不久的女儿，一辈子从未见过火车模样的农民杨尕女，问专心画画的丈夫。

"是啊。听说火车一响，黄金万两，不知道咱这穷山沟里，啥时候能见到真的火车？"男人说。

大山深处画火车——这是20多年前一个闭塞的贫困山区农民对山外世界最深切的渴盼。

门前万重山，抬脚行路难。在其他类似的连片特困地区，脱贫致富的指望仿佛山间游丝般的小路，总是被连绵不绝的大山吞没。

要致富，先修路。从兰州到重庆修一条连接西北、西南的铁路大通道，秦巴山区正是关键节点。

然而，让墙上的火车变成现实，谈何容易。

这里的地质属于隧道施工领域的世界难题。以最艰巨的胡麻岭段为例，地层含水量最高达28%，堪比"水豆腐"，不时涌水、涌砂，严重时甚至如泥石流般掩埋隧道。

在铁路隧道施工中享有盛誉的德国专家，曾专门自带顶级设备和施工团队到胡麻岭应战，以失败告终，离开时留下一句话："不可能在这种地层中打隧道。"

然而，在社会主义中国的大家庭里，扶贫从来不是一个地方、一个单位、一个人的事。"扶贫开发是全党全社会的共同责任，要动员和凝聚全社会力量广泛参与……"习近平总书记强调。

大扶贫格局完整地体现了社会主义制度的优越性，扶贫道路上，再难的障碍也能跨越。

于是，千里兰渝线，集结了10万筑路大军——全国最优秀的专业技术人才、最富经验的作业队伍、最先进的机械设备。面对前所未有的高风险地质状况，坚韧顽强的建设者们挤牙膏般一点点向前推进。

2017年6月19日，胡麻岭隧道终于贯通了！兰渝铁路在历经近9年的艰苦奋战后，一举扫除了全线开通的最后障碍。

这条铁路，从百年前孙中山先生《建国方略》规划中走来，从20多年前贫困农民墙上跃出，终于在中华民族反贫困决战中贯通，给沿线数百万贫困人口送上最珍贵的礼物。

"没有社会主义集中力量办大事的制度优势和政治优势，没有党和政府对贫困地区的深切关怀，类似兰渝铁路这样高投入、高难度的'扶贫路'如何能修得成？"全国扶贫宣传教育中心主任黄承伟感叹。

集中力量攻坚是优势，对口帮扶同样是我们的优势。作为祖国大家庭的儿女，你帮我一把，我扶你一程，目标就是实现共同富裕。

宁夏永宁县，闽宁镇。

站在自家宽敞的小院里，63岁的谢兴昌可以望见镇区一排排新房，宽阔的马路直直伸向远方的贺兰山，绿白相间的路灯在壮阔的落日下闪着亮光。

"当年那个'天上无飞鸟,地上不长草,风吹砂石跑'的荒滩,要是没有福建亲人的帮助,怎么能一步步变成如今的样子呢?"

谢兴昌的感慨来源于21年前,时任福建省委副书记习近平为组长的"福建省对口帮扶宁夏领导小组"正式成立,"闽宁扶贫协作"大幕开启。

从那时起,一批又一批援宁干部真心奉献,数以万计的闽商在宁夏创新创业,几万宁夏贫困群众在福建稳定就业,创造出对口协作实现共同发展的成功范例。

20年后,还是在宁夏这片土地。习近平总书记主持召开东西部扶贫协作座谈会,推动东西扶贫协作继续迈向新的征程。

谢景军,武警河南省总队医院的一名军医。一年的援助青海时间里,他承担的手术就有200多台。2014年6月,谢景军满载荣誉回到河南。

一进家门,同为医生的妻子见面后的第一句话,让他自豪与感动涌上心头:"老谢,今年的援青任务下来了,我报名了。现在我把家交给你,我也要到青海为那些需要救助的患者尽一份力。"谢景军将妻子拥入怀中。

丈夫归来,妻子接力。多少支援贫困地区的各界人士,如同这对质朴的夫妻一样,舍小家为大家,为贫困群众的美好生活不懈奋斗,有的甚至献出生命。

从江南鱼米之乡的浙江湖州,到大漠戈壁荒原的新疆柯坪,援疆干部黄群超一门心思为当地谋脱贫。反复研究后,他决定把湖州生长发育快、繁殖周期短的湖羊引进柯坪,当作农民增收突破口。

2014年底,在黄群超精心"护送"下,1600只湖羊种羊从太湖南岸启程,踏上了数千公里的"西迁之旅"。

一路上,他和同事们不敢休息,每隔4个小时就要停车看羊,补充饲料和水。历经3天4夜,辗转7省份,1600只湖羊毫发无损到达目的地。

如今,这些湖羊已产出数千只羊羔,成了当地人脱贫的希望。

2015年8月,黄群超突发心脏病栽倒在地,再也没有起来。

遗体火化那天,妻子汪素琴和儿子黄卓尔在当地种下一棵杏树。儿子含泪一边培土,一边说:"爸爸,这棵树就是你的眼睛,你可以一直守在这里,看着这山、这水,这里的百姓。"

"来的时候是一粒种子,离别的时候要满园硕果。"刚来援疆时,黄群超曾在日记本里留下这样的期待。

他的一半骨灰,永远留在了柯坪。

大扶贫格局的优势,还体现在社会主义制度下政策的快速精准实施。

投钱——在财政转移支付基础上,为中西部地区专设了中央财政专项扶贫资金,2017年资金规模超过860亿元;

派人——全国向各地贫困地区派驻了近80万名帮扶干部,与困难群众同甘苦、共奋进,攥着劲瞄准脱贫目标;

搬迁——自2016年至2020年,一次足以改写历史的大迁徙在中国大地进行,约1000万贫困人口将通过易地扶贫搬迁告别世代生活的贫瘠土地,走向新的生活。

"我们都搬下山来了,今后的娃娃可能都不知道我们从哪里搬来的,应该记录一下村子的历史。"甘肃省文县丰元山村的木匠张代全不顾身体残疾,当起了当代的"司马迁"——写"村史"。

"丰元山村有四大姓,大多从清代嘉庆年间搬迁而来。穷了一辈又一辈,直到扶贫搬迁才看到新的生机……"

张代全笔下的村史,述说着丰元山村的变迁,折射的却是反贫困斗争伟大决战的真实画卷。

……

时间,是最忠实的记录者。

2000多年前,中国先人发出"民亦劳止,汔可小康"的希冀,开启了对温饱和幸福的期盼;

90年前,秋收起义的一支部队翻越莽莽罗霄山后,抵达井冈山的茨坪,"红军来到掌政权,春光日子在眼前,穷人最先得好处,人人都有土和田",开始了中国共产党领导下中国反贫困斗争的最初实践;

60多年前,中华人民共和国成立,为反贫困提供坚实的政治制度保障;

30多年前,改革开放大幕开启,大规模人口脱贫迈入新进程;

5年前,面对中外记者,习近平发出"人民对美好生活的向往,就是我们的奋斗目标"的宣言,吹响了全面建成小康社会的冲锋号;

再过3年,中华民族将历史性地摆脱绝对贫困,全体中国人将共同迈入全面小康的崭新时代。

千年梦想,浓缩于未来一千多个日日夜夜;

世纪担当,扛在我们这代共产党人的肩头。

百年初心不改,百年前赴后继。在以习近平同志为核心的党中央坚强领导下,咬定目标、勠力攻坚,我们一定能决战决胜,创造反贫困斗争的人间奇迹。

(新华社北京2017年8月13日)

钱袋子更鼓，获得感更足

党的十八大以来，以习近平同志为核心的党中央立足我国经济社会发展实际，通过一系列惠民举措，切实提高城乡居民收入水平，增强人民群众的获得感。五年来，我国城乡居民收入差距越来越小，消费水平越来越高，百姓的钱袋子越来越鼓，为全面建成小康社会，实现收入翻番的目标打下了坚实基础。

钱袋子鼓了，获得感足了

虽然这几年各方面物价均有一定程度上涨，但长春退休职工郭庆华仍然感觉生活条件在日益改善。"退休金每年都上涨一些，基本上感受不到物价上涨带来的压力。"郭庆华告诉记者，他的退休金从五年前的1700多元上涨到如今的2400元左右，生活水平有了一定提升。

住房、教育、医疗等方面的支出与百姓息息相关。尤其是这几年一些地区房价等快速上涨，让一些居民感觉"压力山大"。如何让居民有钱花、敢花钱，提高消费能力和获得感，是党和政府一直着力破解的难题。

习近平在主持中共中央政治局第二十八次集体学习时强调，要坚持和完善社会主义基本分配制度，努力推动居民收入增长和经济增长同步、劳动报酬提高和劳动生产率提高同步，不断健全体制机制和具体政策，调整国民收入分配格局，持续增加城乡居民收入，不断缩小收入差距。

十八大以来，一系列提高收入的措施让城乡居民有了实实在在的获得感：促进就业，提高工资待遇标准，提高养老金待遇和最低工资标准以及社会保障性收入标准。与此同时，中央采取一系列改革惠民措施，抑制部分领域价格快速上涨，促进财富更合理分配。

虽然福州的房价这几年涨幅不小，但福州环美家具有限公司车间协助主管韩建华对买房还是很有信心："刚工作时我只有一辆自行车，如今开上了小轿车，接下来计划在福州买房定居。"回想自己的这五年，韩建华说，五年前他作为普通员工，工资每月仅有3000元左右，随着职位和工作能力逐步提升，他的收入已经涨到每月6000多元，再加上妻子的收入，积累一段时间后买房应该不是问题。

收入明显提高，消费信心增强，是不少像韩建华一样的一线劳动者这五年来最明显的感受。国家统计局数据显示，2016年全国居民人均可支配收入23821元，比2012年增长44.3%，扣除价格因素，实际增长33.3%，年均实际增长7.4%。

收入提高的同时，城乡收入的差距也在逐步缩小。在江西万载县三兴镇闹坪村，"种养示范、精深加工、科技研发、商贸物流、旅游养生"五位一体的有机农业综合示范区项目，带动当地农民流转土地，并参与到项目生产中，农民年均收入达3.5万余元。如今，越来越多农业产业化项目，让农民改变了固守土地过日子的传统，综合收益越来越高。

统计显示，2016年农村居民人均可支配收入12363元，比2012年增长47.4%，实际增长36.3%，年均实际增长8.0%，年均实际增速快于城镇居民收入增速1.5个百分点。

收入增长激发消费新动能

"现在每年种地、搞农机租赁等收入好几万元,温饱问题解决了,我们也想出去走走看看。"长春市双阳区太平镇农民张艳告诉记者,这几年,他每年都要抽出一两周时间去外面旅游,看看祖国发展新变化,这在前几年是不敢想的事。

随着综合收入提高,越来越多城乡居民正在更新消费观念,生活愈发多彩,生活水平提高看得见。

对于南昌市民韩好轩来说,这几年看电影、看演出明显增多。"现在电影和演出市场越来越繁荣,我们消费频率也越来越高了。"韩好轩说。日益丰富的文化、旅游、教育等消费产品供给,不仅给消费者带来了丰富的选择,也促进了相关产业蓬勃发展。据统计,2016年,我国电影票房达457亿元,观影人次超过13亿,国内旅游人数等指标也快速增长。

统计显示,2016年全国居民人均消费支出17111元,比2012年增长33.1%,年均增长7.4%。其中,人均教育文化娱乐支出比2012年增长41.7%,年均增长9.1%。

在消费结构方面,城乡居民肉、蛋、奶、水产品等消费比重较2012年明显提升。尤其是农村居民的汽车、空调、热水器等每百户拥有量比2012年有大幅提高,2016年农村居民平均每百户汽车拥有量为17辆,比2012年增加11辆,增长164.1%。

吉林大学商学院教授金晓彤表示,随着居民收入增长,消费水平不断提高,消费结构日益丰富,多元化、多领域、多层次消费趋势明显,尤其是旅游、文化等消费比重逐步提高。"消费结构升级的同时,也会带来供给结构的变化,从而促进相关产业发展升级,助力经济发展。"

金晓彤说。

"收入翻番"目标越来越近

消除贫困、改善民生、实现共同富裕,是社会主义的本质要求。十八大以来,党中央把消除贫困作为一项历史性任务来抓。统计显示,2012年以来,全国农村贫困人口由9899万人减少至2016年的4335万人,累计减少5564万人,平均每年减少1391万人。

不仅让贫困居民摘掉"穷帽子",更要把他们带到增收致富的路上来。这几年全国各地在脱贫攻坚工作中,牢牢牵住了促进贫困居民收入增长这个"牛鼻子"。

"今年进入扶贫车间工作后,我们家每个月有4000多元的务工收入,跟以前相比,生活发生了翻天覆地的变化。"家住江西赣州市上犹县滨江村马元组的贫困户陈飞钰说。在江西,越来越多像陈飞钰一样的贫困户享受到了"政府+企业+农户"带来的扶贫红利,产业发展与脱贫攻坚紧密结合,既实现了贫困居民增收,也壮大了贫困地区的经济。

统计显示,2016年,我国贫困地区农村居民人均可支配收入8452元,扣除价格因素,实际水平是2012年的1.5倍。2013至2016年贫困地区农村居民人均收入连续保持两位数增长。与此同时,贫困地区农村居民的生活消费水平以及教育文化医疗水平也明显提高。

党的十八大报告提出,到2020年,要"实现国内生产总值和城乡居民人均收入比2010年翻一番"的目标。国家统计局数据显示,2016年,全国居民人均可支配收入与2010年相比实际增长62.6%。

2012年11月15日,习近平总书记在同中外记者见面时强调:"人民对美好生活的向往,就是我们的奋斗目标。"消除贫困,促进共同富裕,为全面实现小康兜住底,无疑是打通了全面建成小康社会进程中的最大难关,让共同富裕奔小康的目标又近了一步。

中国社会科学院人口与劳动经济研究所研究员高文书表示,近几年我国良好的就业形势和经济发展态势,为劳动者工资收入快速增长提供了有力支撑,并且居民持续增收的能力增强、前景可期。

今年上半年,全国居民人均可支配收入12932元,扣除价格因素影响,实际增长7.3%。高文书表示,从经济社会发展水平和目前居民收入增长态势来看,"翻一番"的目标有望提前实现。

(新华社北京2017年7月28日)

基层文化活起来 百姓精神富起来

文化民生编织幸福生活。党的十八大以来，以保障人民群众基本文化权益、满足人民群众精神文化需求为目标，我国大力推进现代公共文化服务体系、现代文化市场体系和现代文化产业体系建设，坚持以社会主义核心价值观为引领，从供给侧发力，创新体制机制，统筹城乡均衡发展，文化成为改善民生的重要组成部分，成为幸福指数的重要衡量尺度。

"非遗"织就脱贫路

非遗是手艺，也是日子。

贵州毕节织金县官寨乡大寨村苗寨的300多名妇女，靠着蜡染刺绣的手艺，在家门口抱着娃、绣着花、挣着钱，过上了好日子。

"小时候，每到晚上，阿妈就会对着蜡烛边做刺绣边哼苗歌。蜡染和刺绣是寨子里姐妹们从小就耳濡目染的手工技艺，每个女孩子都会得到母亲的真传。"12岁那年，蔡群已是远近有名的巧手小姑娘。为了能生活更好，她成为外出打工大军中的一员。

偶然的一次机会，她参加了当地的民族手工艺比赛，蜡染"织金洞银雨树"获得了毕节市二等奖，还获得2000元奖金。"原来我们祖辈传下来的手艺是值钱的！别人能把民族手工艺品开发成旅游商品，我们为什么不能?"于是,东拼西凑了5万块钱,买了缝纫机和原材料,蔡群的苗族蜡染刺绣工艺坊开业了。

趁着"文化大发展大繁荣"的东风,短短几年间,蔡群的工艺坊风生水起。"我要把厂子做大,让村子里的姐妹们都能回来,回到孩子们身边,守着孩子和家的日子才是真正的好日子!"

2013年,非遗大省贵州启动了"锦绣计划",旨在促进传统民族手工业发展,让绣女在家就业,改善老人空巢、儿童留守的乡村现状。这一年,蔡群当选了全国人大代表,她的责任更重了:不仅要自己致富,更要带着乡亲们奔小康——她开始试着在大山里"拥抱"互联网,开起网店,全国各地的订单源源不断……

"现在,政府把蜡染刺绣作为精准扶贫的重要内容,给了我们很多扶持,企业场地从几十平方米扩大到现在的3000多平方米,人员从2人增加到现在的300多人,产品远销美国、韩国、马来西亚。"蔡群说,更多外出打工姐妹之所以能够回来,是因为她们在家门口每月就可以轻松赚到3000多元钱。

最新数字显示,三年来,贵州从事手工业的妇女达到50万人,产值50亿元人民币,带动就业人口百万余人。

近年来,文化部将非遗保护传承与创新扶贫开发方式相结合,支持具有较强设计能力的企业、高校和机构到非遗项目所在地设立传统工艺工作站。目前,已分别在新疆哈密、湖南湘西、贵州雷山、青海果洛、安徽黄山、广东潮州设立了6个传统工艺工作站,帮助当地解决工艺难题,促进就业增收。

在中国艺术研究院名誉院长王文章看来,非遗保护不应是凝固的保护,有些项目适合于发展生产、制造产品,政府应积极引导扶持,使这些项目在生产和创作中实现经济社会效益与传承发展双赢。

社区剧社结下的深情厚谊

上海市虹口区提篮桥街道许多居民的人生轨迹，因为参与排演一出名为《梦回提篮》的多媒体情景朗诵剧而改变。

2012年，杜洪连从部队转业，这个平时就对舞台表演感兴趣的小伙子很想在文艺创作上有所作为："当时首届市民文化节组织话剧大赛，鼓励社区居民自编自导自演。于是和在社区工作的妻子合计，用我擅长的话剧小品排演技能，团结一批社区居民，演我们社区的事，讲我们自己脚下这片土地的故事。"

上世纪三四十年代，上海虹口地区提篮桥一带曾经是数万犹太难民的避难聚居地，被誉为"东方挪亚方舟"。杜洪连在社区居民乐温君老人创作的小品《友谊地久天长》的基础上，把二战时期犹太难民与上海提篮桥地区居民建立深厚友谊的故事搬上舞台。

社区里老老少少十多户人家都来参演，编导、演员、灯光、舞美、场记、剧务等都由居民担任，"篮梦剧社"在社区文化中心的大平台上诞生了。

几年时间，《梦回提篮》由最初的小品慢慢成长为一台多媒体情景朗诵剧，还获得了上海市民文化节的三个奖项。而与此同时，这出戏也使得剧社社员们的生活更加精彩：

当年少言寡语的居委会社工陈开元，为了救场当上了B角。而今她已开始负责整个街道的群众文化团队建设，同时也是篮梦剧社的新任社长。

65岁的应维光和女弟子李金惠在排练场擦出了爱情火花。2016年，篮梦剧社全体成员参加了他们的婚礼。

从小在上海长大的犹太难民后裔沙拉·伊玛斯，被剧社邀请出演犹太难民角色。几次正式演出时,关键情节沙拉都很入戏,激动的泪水从她的眼眶深情涌出,观众们也随之潸然泪下……

政府搭台,群众唱戏——自2013年起,上海连续5年举办覆盖全市的市民文化节,每年参与和服务的人次超过2600万,成为传播、弘扬中华优秀传统文化,践行社会主义核心价值观的平台。

"在这里,一个个平凡的梦想正在起飞。"上海社科院研究员巫志南给上海的群众文艺创新点赞,"以市民为主体的文化发展方式在上海生发、成型,市民'自我表现'的文化艺术活动快速成长、走向繁荣。"

不久前,文化部出台首个全面指导群众文艺工作的五年规划——《"十三五"时期繁荣群众文艺发展规划》,聚焦激发人民创造活力,以基层群众为服务对象和表现主体,引导群众自我表现、自我教育、自我服务,不断提升广大人民群众的获得感和幸福感。

"小镇青年"走进现代化影院

今年34岁的蔡炜玮是陕西省安康市宁陕县的一名小学教师。她居住的小县城,大山环抱,长安河穿城而过,交通不是很便利。

爱看电影的她记得,上世纪90年代,县城有了第一家电影院——宽大的空间、几百个硬座椅、几元钱票价,那是孩子们发现新奇世界的好去处。

2014年,县城有了现代化影院——环易数码影院,容纳30多人的小厅,软包的舒适座椅、中央空调,以及爆米花、饮料等配套消费;后来,片源也和城市院线同步更新,还安装了立体放映技术。

这让当地一众热爱电影的人有了归属感。作为资深影迷,蔡炜玮每周都会去看电影,有些不算热门的电影,她甚至能享受"包场"。夫妻两个人看电影的花费占每个月家庭收入的十分之一。

据宁陕县文化旅游广电局统计，2015年，该县电影票房由2014年的基本为零突飞猛进为5.26万元，观影2420人次，营业额26300元。

宁陕县的数字很有代表性。近年来，市场半径的扩大，为电影产业注入了一股不可阻挡的活力，全国连续多年的银幕数增加，多集中在三四线城市，坊间也多有"小镇青年成为中国电影票房新的增长点"之说。

中国传媒大学教师朱传欣分析这一现象时说，近年来三四线城市的"小镇青年"崛起，要加紧对这些城市院线的评估和布局，抓住"小镇青年"集体爆发的时机。与此同时，要认真研究解决有效供给不足等问题，充分释放以"小镇青年"为代表的农村乡镇消费群体的消费潜力。

围绕扩大有效供给、积极引导文化产品生产和文化消费方向，文化部、财政部两年前启动"拉动城乡居民文化消费试点项目"，从东、中、西部选择典型地区，采取发放惠民卡、文化消费补贴等不同措施进行政策试点，并在此基础上研究提出具体政策措施建议。目前，安徽、湖北、贵州等地试点均取得初步成效。

一幅生动的文化民生画卷正徐徐展开。2017年5月，中办、国办印发《国家"十三五"时期文化发展改革规划纲要》，进一步明确细化了文化小康任务——加大对原创精品扶持力度，为人民群众提供更多高品质精神食粮；推动基层公共文化设施资源共建共享，开展文化精准扶贫，切实保障人民群众文化权益；加大供给侧结构性改革力度，扩大和引导文化消费，不断满足人民群众多样化多层次多方面精神文化需求。

（新华社北京2017年7月20日）

新医改构建健康中国

一剂鱼精蛋白临床手术用药，因短缺药品供应保障机制的改革完善，让心脏病患者"生命的等待"不再漫长；一张新农合出院药费结算单，随着跨省异地就医联网推进，减去患者"垫资"之负……

建成覆盖95%人口的基本医疗保障网、居民县域内就诊率已达85%、公立医院综合改革扩至200个城市……我国新一轮医药卫生体制改革创出历史速度，走出构建健康中国关键一步。

化"痛"为"通" 强化基层服务

居住在上海的蒋继文今年94岁高龄，患有心律失常、房颤等慢性病。过去，子女带着老人在大医院各个科室跑来跑去，不仅花钱多，对老人也是很大折腾。

从2015年启动签约，到2017年形成患者自愿选择一名家庭医生、一家区级医院和一家市级医院签约的"1+1+1"服务模式，社区卫生服务中心主治医师刘玮成了蒋老一家的家庭医生。

"有了刘医生做家庭医生，高血压、心脏病等症状可以随时咨询他。还能'延伸处方'，不用再去大医院挂号就能在社区拿两周用量的药，心里真是踏实！"蒋老的女儿说。

截至今年第一季度，家庭医生签约服务已走进上海218家社区卫生服务中心。在全国，这一签约比例达到22%，在患大病慢病等重点人群中已达38.8%。

这一数据的背后，是党中央、国务院对构建合理医疗服务体系的科学预判。

从2015年《国务院办公厅关于推进分级诊疗制度建设的指导意见》，到2017年国务院常务会议提出鼓励构建医疗联合体，医疗供给侧结构性改革路径日渐清晰。山西省医改办主任、省卫生计生委副主任冯立忠认为，分级诊疗是破解看病难的治本之策，是强健基层卫生服务的有力抓手。

五年来，从"北上广"大医院的人满为患，到"小病在基层、大病到医院、康复回基层"的合理就医秩序逐渐形成；从应对每年近80亿的全国诊疗人次，到80%的城市和50%的县开展了分级诊疗试点，我国在破解医改这个世界性难题上，探索出了中国式解决办法。

"医疗卫生体制不能再是单打独斗，而要形成以功能定位为核心、相互配合的一体化服务体系。"国家卫计委体改司司长梁万年指出，让优质医疗资源"下沉"，要把"倒三角"变为"正三角"，让"看得上病、看得好病"不再是"镜中花、水中月"。

保障"托底"　补足"短板"

甘肃，定西市渭源县上湾乡周家窑村。

54岁的村民赵华患有主动脉根部瘤、主动脉瓣关闭不全和冠心病。家里靠种大豆、药材，正常年景收入每年也就两万块钱。几年看病下来，花光了家底。

中国卫生与健康事业的最大短板，仍然在基层特别是农村和贫困地区。十八大以来，党中央、国务院把7000万农村贫困户的民生放在心头、扛在肩上。

2017年，甘肃省实施农村贫困人口大病专项救治，规定对50种农村重大疾病实行单病种付费。"是好政策帮我捡回了条命。"享受到这一政策好处的赵华说。

从小小山村到全国城镇，一个全球最大的医疗保障网逐渐织就：城镇职工基本医疗保险、城镇居民基本医疗保险、新型农村合作医疗参保人数超过13亿，城乡居民大病保险推进实施，疾病应急救助制度全面建立。2012年至今，大病保险已累计赔付资金超过3000亿元；2016年健康扶贫工程启动，已有8省区9.2万名大病患者得到集中救治。

五年来，基本医保全国联网和异地就医直接结算稳步推进。据人社部统计，目前全国已有30个省份1563家定点医疗机构实现跨省就医住院费用直接结算。让信息"多跑路"、群众少"跑腿"，正成为现实。

世界卫生组织原总干事陈冯富珍说："中国医保比一些免费医疗的发达国家做得还好，能较好地防止老百姓因病致贫，对中国卫生事业可持续发展非常有利。"

绩效凸显 共享"红利"

新型城镇化、人口老龄化、疾病谱变化……面对一张张亟待回应的"民生答卷"，转型期的中国社会交出"亮眼成绩单"，实现"一升两降"：人均预期寿命从2010年的74.38岁提高到2015年的76.34岁；孕产妇死亡率从2010年的31.9/10万降为2016年的19.9/10万；婴儿死亡率从2010年的13.8‰降为2016年的7.5‰。

事实证明，新医改用较少的投入取得了较高的健康绩效。

世界银行和世界卫生组织认为，中国在实现全民健康覆盖方面迅速迈进，改革成就举世瞩目。

成就得益于基本公共卫生服务均等化上"下功夫"。现在，我国人均基本公共卫生服务经费补助标准提高至45元，实施12大类45项国家基本公共卫生服务项目，覆盖居民生命全过程。

成就来自于强有力的财政保障。2016年，全国财政医疗卫生累计支出13154亿元，比2015年同期增长10%。

成就根植于高质量医疗卫生人才"再造血"。国家卫计委副主任马晓伟说，2015年每千人口执业（助理）医师数增加到2.22人，注册护士数增加到2.37人。为应对"全面两孩"落地带来的生育高峰，今后5年我国力争增加产科医生和助产士14万名。

（新华社北京2017年7月9日）

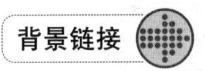

背景链接

十九大报告透露的十件民生实事

十九大报告明确提出,中国特色社会主义进入新时代,我国社会主要矛盾已经转化为人民日益增长的美好生活需要和不平衡不充分的发展之间的矛盾。

如何针对发展的"不平衡""不充分"补齐民生短板,让改革发展成果更多、更公平惠及全体人民?十九大报告透露的民生新举措,引发代表和百姓关注。

扩大中等收入群体

十九大报告提出,扩大中等收入群体。近几年,群众的钱袋子鼓起来的速度超过了GDP增长速度,中等收入群体的规模持续扩大。"扩中"是形成"橄榄型"分配结构的关键,关系全面建成小康社会。

中国劳动学会副会长苏海南表示,要切实保证经济持续稳定增长,夯实"扩中"的经济基础。要以经济结构、产业结构、行业结构、职业岗位结构调整优化为重要依托,以人力资源素质结构的改善提升为重要途径,以相关收入财产分配制度完善为直接手段,多管齐下,带动越来越多的低收入群体进入中等收入群体。

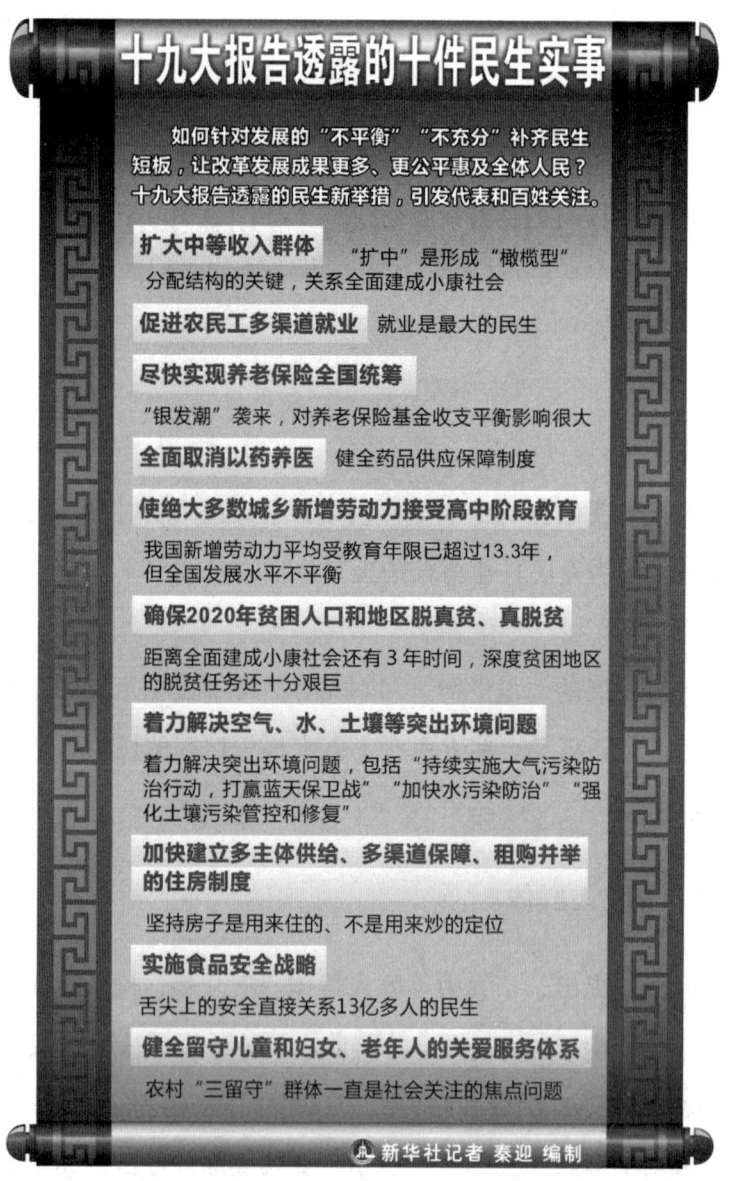

促进农民工多渠道就业

就业是最大的民生。十九大报告提出促进农民工多渠道就业创业。近几年,农村劳动力转移就业形势平稳增长,全国农民工总量从

2012年末的2.63亿人增加到2016年末的2.82亿人。新生代农民工占到了近五成。

中铁电气化局集团工程师巨晓林代表表示，对农民工群体就业问题的关注，体现了促进共同富裕的指向。目前，农民工对就业的关注焦点不仅仅要"找工作"，还有如何在城市扎根，享有更好的教育、医疗条件，甚至一些有文化、有技术的农民工走上了创业之路。

尽快实现养老保险全国统筹

数据显示，截至2015年底，我国60周岁以上老年人口已达2.22亿，约占总人口的16.1%。"银发潮"袭来，对养老保险基金收支平衡影响很大。十九大报告提出，尽快实现养老保险全国统筹。

中央财经大学社会保障研究中心主任褚福灵说，实行全国统筹以后，可以在全国范围内调剂余缺、分散风险。基本养老保险全国统筹是一项系统工程，要实现基金统筹、制度规范、管理健全、技术规范的统一。

全面取消以药养医

十九大报告提出，全面取消以药养医，健全药品供应保障制度。

目前，实行60多年的药品加成政策已经取消，居民个人卫生支出占卫生总费用的比重下降到30%以下。

在湖北洪湖渔场行医20多年的医生谢爱娥代表说，现在，她所在的渔场600多名渔民都已全部参加新农合，加上基本药物的普及，基层医生收入不再依靠卖药了。过去基层看病难、看病贵的情况正在改变。

同时，多位医疗专家表示，在取消药品加成后，有的医院可能会从试剂、耗材等方面牟取利益。取消以药养医政策真正落到实处，还有多道坎要迈。

使绝大多数城乡新增劳动力接受高中阶段教育

十九大报告提出，使绝大多数城乡新增劳动力接受高中阶段教育、更多接受高等教育。

目前，我国新增劳动力平均受教育年限已超过 13.3 年，相当于大学一年级水平，但全国发展水平不平衡，特别是中西部贫困地区因教育资源短缺，高中阶段教育普及程度低。

中国教育科学院研究员储朝晖等专家认为，十九大报告对城乡新增劳动力教育问题的关注，体现党中央进一步推进教育公平的决心。建设学习型社会、提高国民素质需要补上短板、抓住重点，这也表明要继续深化教育领域综合改革，让更多人享受更优质的教育。

确保 2020 年贫困人口和地区脱真贫、真脱贫

十九大报告提出，重点攻克深度贫困地区脱贫任务，确保到二〇二〇年我国现行标准下农村贫困人口实现脱贫，贫困县全部摘帽，解决区域性整体贫困，做到脱真贫、真脱贫。

距离全面建成小康社会还有 3 年时间，深度贫困地区的脱贫任务还十分艰巨。

兰考县委书记蔡松涛代表说，一个地区的贫困除了自然条件、社会因素制约外，还和当地发展内生动力不足等有关。脱贫不能停留在指标上，满足于"摘帽子"，更要防止"假脱贫"和"数字脱贫"，激发出干部群众脱贫致富、奔向更加美好生活的动力。

着力解决空气、水、土壤等突出环境问题

十九大报告提出，着力解决突出环境问题，包括"持续实施大气污染防治行动，打赢蓝天保卫战""加快水污染防治""强化土壤污染管控和修复"。

从2013年起，我国实施大气、水、土壤污染防治三大行动计划。据统计，2016年，京津冀、长三角、珠三角三个区域细颗粒物（PM2.5），平均浓度与2013年相比都下降了30%以上。地表水国控断面Ⅰ—Ⅲ类水体比例增加到67.8%。与此同时，一些地方秋冬季空气质量改善效果不明显，完成水质目标难度大。

"解决环保问题需要持之以恒。"北京市环保监测中心大气室主任李云婷代表表示，十九大报告提出"提高污染排放标准""强化排污者责任""严惩重罚"等措施，让老百姓深切感受到打赢环境治理攻坚战的决心和希望。

加快建立多主体供给、多渠道保障、租购并举的住房制度

十九大报告提出，坚持房子是用来住的、不是用来炒的定位，加快建立多主体供给、多渠道保障、租购并举的住房制度，让全体人民住有所居。

目前，房地产调控因城施策，一线城市和热点二线城市从需求和供给两端采取措施控制房价过快上涨，三四线城市去库存成效明显。多地开展住房租赁试点。

清华大学房地产研究所所长刘洪玉认为，"多主体供给、多渠道保障、租购并举"，从供应体系、保障体系、租赁市场三个方面对住房制度进行了完整的表述，使"让全体人民住有所居"的目标有了更加明确的方

向和实现路径。

实施食品安全战略

舌尖上的安全直接关系 13 亿多人的民生。十九大报告提出，实施食品安全战略，让人民吃得放心。

近两年的抽检结果显示，我国食品安全形势总体平稳，样品抽检合格率稳中有升。与此同时，在一些领域仍然存在食品安全风险隐患，农兽药残留超标、非法添加滥用食品添加剂等问题不容忽视。

一直关注食品安全的河南科技学院教授茹振钢代表说，目前，群众的诉求已从吃得饱转向吃得好、吃得放心。确保食品安全，一方面要严管，制定最严格的标准，强化最严厉的监管，启动最严格的问责，建立起一套科学完善的食品安全治理体系；另一方面，要加强农业生产的源头把控，尽最大可能降低污染。

健全留守儿童和妇女、老年人的关爱服务体系

农村"三留守"群体一直是社会关注的焦点问题。十九大报告提出，健全农村留守儿童和妇女、老年人关爱服务体系。

河南省濮阳县庆祖镇西辛庄村党支部书记李连成代表说，这些年，农村劳动力向城市流动加快，农村留守儿童、妇女和老人明显增多，他们致富、创业、甚至自我保护的能力比较弱。小康路上一个也不能少，关爱留守儿童、妇女和老人等特殊群体，应加大投入，确保他们基本生活得到照料、公共服务得到保障，实现"幼有所育""弱有所扶"。

（新华社北京 2017 年 10 月 21 日）

后　记

本书以新华社播发的系列稿件和评论为基础，收录和整合部分专家学者对全面深化改革的解读分析，为读者全面、系统地认识全面深化改革提供参考。为方便阅读，在尊重事实的前提下，我们对部分稿件、评论的标题和正文进行了必要的修改，并配以相关图表和资料。

本书在编辑出版过程中，汇集了新华社记者有关全面深化改革的报道，以及《上海证券报》《经济参考报》《瞭望》等主流媒体刊发的权威报道。其中部分作者已在文中署名，其他作者在此一并列出、致谢！

在本书即将付梓之际，特向以下作者表示感谢（排名不分先后）：

韩洁、陈炜伟、安蓓、乐嘉春、于佳欣、谭谟晓、刘铮、吴雨、刘慧、李延霞、许晟、刘红霞、王健君、王仁贵、黄嫣然、张月森、朱基钗、罗宇凡、姜潇、赖星、崔静、陈晨、黄小希、周相吉、毛一竹、许雪毅、荣启涵、翟永冠、陈晓波、罗争光、秦杰、霍小光、张晓松、邹伟、熊争艳、杨威、王敏、周楠、陈国洲、王军、陈威华、赵焱、张旭东、吴晶、季明、叶前、康淼、施雨岑、史竞男、仇逸、李鲲、丁静、许晓青、于涛、许祖华、陈菲、罗沙、杨维汉、白阳、刘奕湛、丁小溪、卢国强、黄安琪、汪军、李宣良、王经国、梅世雄、王玉山、梅常伟、樊永强、吴琪、周玮、萧海川、何雨欣、刘羊旸、张辛欣、郁琼源、刘硕、黄鹏飞、秦宏、白瀛、任丽颖、王宾、梁军、刘雅鸣、孔祥鑫、李劲峰、齐中熙、乌梦达、宋晓东、齐雷杰、卢俊宇、王子晖、秦交锋。

因编者水平有限，书中如有不当之处，敬请广大读者指正。

本书编写组

2017 年 11 月